# AQUI e AGORA

José Carlos De Lucca

# AQUI e AGORA

Espiritualidade prática para o dia a dia

O autor cedeu os direitos autorais deste livro ao trabalho "Pão do Chico"[1], destinado ao socorro alimentar de famílias necessitadas, obra social do Grupo Espírita Esperança.

Rua Moisés Marx, 1.123, Vila Aricanduva, São Paulo/SP

www.grupoesperanca.com.br

CNPJ 08.209.086/0001-79

---

[1] Referência a Chico Xavier. No dia 10 de julho de 1927, Chico Xavier recebe da Espiritualidade Superior um pedido de auxílio para repartir pães aos pobres necessitados. No sábado imediato, Chico, com auxílio de sua irmã Luíza, iniciou a distribuição com 08 pães que foram repartidos com irmãos em situação de extrema penúria, na cidade de Pedro Leopoldo/MG. Desde então, o trabalho nunca parou até a sua desencarnação, quer estivesse Chico Xavier em Pedro Leopoldo, quer em Uberaba, para onde o médium se transferiu em 1959. Chico Xavier, com a ajuda de muitos amigos e colaboradores, chegou a distribuir 1.500 pães semanalmente na cidade de Uberaba. Em abril de 2012, inspirado no exemplo de Chico Xavier, o Grupo Espírita Esperança implantou o trabalho "Pão do Chico", e vem atendendo, desde então, famílias em situação de vulnerabilidade social dos bairros de Vila Aricanduva e Vila Matilde, na zona leste da cidade de São Paulo, distribuindo pães, cestas de alimentos e enxovais a gestantes.

Para Chico Xavier: sua vida e seus livros são meu socorro nas horas difíceis.

Aos inúmeros amigos que se juntaram a mim nas *lives* realizadas desde o início da pandemia. Juntos ficamos mais pertos de Deus.[2]

---

[2] Atualmente, as *lives* são realizadas às segundas-feiras, 21h, transmitidas em minhas redes sociais, *Youtube. Instagram e Facebook* (nota do autor).

*A espiritualidade não é uma religião. É um caminho para gerarmos felicidade, entendimento e amor, para que possamos viver profundamente cada momento de nossa vida. Manter uma dimensão espiritual em nossa vida não significa escapar da vida ou passar um tempo em um local de felicidade, fora do mundo, mas descobrir maneiras de enfrentar as dificuldades da vida e gerar paz, alegria e felicidade bem onde estamos, neste lindo planeta.*
Thich Nhat Hanh[3]

*A questão mais aflitiva para o espírito no Além é a consciência do tempo perdido.*
Chico Xavier[4]

---

3 A Arte de Viver, p. 10, Harper Collins editora.
4 O Evangelho de Chico Xavier, Carlos A. Baccelli, p. 20, Didier editora.

# SUMÁRIO

PREFÁCIO..................................................................11
1 - ESPIRITUALIZAR-SE..........................................15
2 - AQUI E AGORA..................................................23
3 - ACALMANDO AS TEMPESTADES....................31
4 - PENSAR BEM PARA VIVER MELHOR..............37
5 - CURA INTERIOR................................................45
6 - ACOLHER MARIA..............................................53
7 - O RIO.................................................................59
8 - ELES ESTÃO VIVOS..........................................65
9 - VIVER É PARA SEMPRE...................................71
10 - CARIDADE É FELICIDADE..............................79
11 - RECONECTANDO A ESSÊNCIA AMOROSA....87
12 - SEU MELHOR AMIGO.....................................95
13 - VAMOS RECOMEÇAR?..................................103
14 - DEIXA JESUS TE ABENÇOAR.......................109

15 - FLORES SOBRE PEDRAS................................................115
16 - ECO..........................................................................121
17 - VIVER EM DEUS ......................................................129
18 - PARA TER PAZ .........................................................137
19 - ENFERMEIROS .........................................................145
20 - VOCÊ ME AMA? .......................................................153
21 - PÁGINAS EM BRANCO .............................................161
22 - MAIS FORTE E CAPAZ ..............................................167
23 - PACIÊNCIA: ESCORA DA PAZ ..................................175
24 - AMOR MAIOR............................................................181
25 - ORAÇÃO DE LIBERTAÇÃO........................................187
26 - TREINAMENTO INTENSIVO .....................................193
27 - ESPINHOS EM FLORES.............................................203
28 - FILHO AMADO .........................................................211
29 - PERDOAR É DIVINO E HUMANO.............................219
30 - PROMOÇÃO ..............................................................225

# PREFÁCIO

Meu propósito com este novo trabalho é oferecer reflexões que nos ajudem a viver a nossa Espiritualidade na vida diária.

No prefácio do livro *Nosso Lar*, o Espírito Emmanuel afirma: "... não basta à criatura apegar-se à existência humana, mas precisa saber aproveitá-la dignamente"[5], e isso somente acontecerá quando não se ignorar a dimensão espiritual do ser humano.

Somos muito mais do que o corpo, somos muito mais do que as posições transitórias do mundo físico. Jesus falou dessa dimensão espiritual quando propôs ao homem que ele buscasse os tesouros do céu, que não ficasse apegado aos bens da terra, onde a traça e a ferrugem destroem e os ladrões roubam.[6] Ele disse também que a vida é muito mais do que o alimento e o corpo, mais do que o

---

5 Nosso Lar, pelo Espírito André Luiz, psicografia de Francisco Cândido Xavier, p. 8/9, FEB editora.
6 Mateus 6, 19-20.

vestuário.[7] Falou, ainda, que, na Casa do Pai, há muitas moradas,[8] dando a entender que a vida não se restringe à dimensão terrena. E o Apóstolo Paulo afirmou que nós somos cidadãos do céu.[9]

A Espiritualidade é o que confere sentido e propósito à nossa vida, é o que explica de onde viemos, qual a nossa missão de vida e para onde vamos depois de deixar o mundo terreno. A Espiritualidade é o que também nos faz ver o sagrado em tudo e em todos, incluindo nós mesmos, e, a partir da percepção do divino que permeia toda a existência, passamos a honrar, louvar e proteger a criação divina, indistintamente.

Sem Espiritualidade, o homem se torna um náufrago no mar da vida. Pode até alcançar o sucesso material, ser famoso, ter poder, mas, se for "pobre de espírito", não será feliz, não terá paz interior, nem relacionamentos venturosos.

Tenho lido dos Espíritos Superiores que a Terra é uma escola, onde a criatura humana se encontra em trabalho construtivo, para aprender a iluminar-se. Esse aprendizado se faz na vida diária, no enfrentamento das provas, no desafio dos relacionamentos, nas dificuldades para lidar com a complexidade humana e conseguir acolhê-la amorosamente.

A iluminação é um processo gradual, durante o qual a criatura vai se integrando aos planos de Deus, até o dia em

---

7 Mateus 6, 23-25.
8 João 14, 1-2.
9 Filipenses 3, 20.

que ela possa dizer, como Jesus disse, que a sua vontade é fazer a vontade do Pai.[10] Essa vontade outra não é senão a de que expressemos o amor de Deus por toda a sua criação. Sei que ainda estamos distantes desse alvo, mas é importante que o tenhamos como um horizonte a nos guiar pelas estradas da vida.

Na verdade, viemos a este mundo para desenvolver em nós a consciência divina, que é o amor incondicional, e cada passo dado nessa direção irá preenchendo nossa alma das alegrias do Céu!

Por isso escrevi este livro, esperando que ele possa ser útil na escola da vida, em que todos nós estamos matriculados, enfrentando nossas lutas evolutivas. Não espero nem desejo que ninguém se transforme em anjo do dia para a noite. Procurei respeitar, em cada capítulo deste trabalho, a nossa condição humana, inacabada e imperfeita, e peço que você aceite isso humildemente e acolha suas dores, fracassos, contradições e insuficiências, com todo o amor possível, assim como Jesus tem feito diariamente, com todos nós. Sem aceitar a nossa humanidade, jamais poderemos um dia transcendê-la.

Embora ainda distante, nossa iluminação começa aqui e agora! Onde estamos e como estamos; não importa nem "onde" nem "como". Tentei dar a cada capítulo um aspecto tanto teórico como prático. Você vai encontrar, ao final de cada abordagem, exercícios que o motivam a vivenciar o tema tratado, seja através de uma oração, da meditação,

---

10 João 6, 38.

da visualização, de uma música ou da auto-observação. Em alguns capítulos, você encontrará *QR Codes* e *links*, que o levarão a vídeos relacionados com o tema abordado, cujo propósito é tornar a leitura mais proveitosa e agradável. E, nas páginas finais, você encontrará um espaço para, se assim desejar, fazer suas anotações pessoais a respeito dos tópicos mais importantes a serem entronizados em sua jornada de desenvolvimento espiritual.

Pois bem. Sua viagem começa aqui e agora! Estou orando a Deus para que seja uma experiência enriquecedora para sua alma, como escrever este livro foi para a minha!

De Lucca
Inverno de 2022.

# 1

*Espiritualizar-se*

*"Sobre a Terra, tudo é ilusão, tudo passa, tudo se transforma de um instante para outro. O que conta é o que guardamos dentro de nós, tudo mais há de ficar com o corpo, que se desfará em pó... Não vale a pena tanta luta por nada! Precisamos crescer interiormente, adquirir valores que sejam eternos...*

Chico Xavier[11]

---

11 Lições de Chico Xavier de "A" a "Z", organização de Mucio Martins, p. 462, LEEPP editora.

Nossa passagem pela vida material é relativamente curta. Do ponto de vista biológico, o ser nasce e se desenvolve, mas caminha para a morte dia a dia, deixando neste plano todas as suas conquistas materiais. Quando a *Bíblia* fala que "somos pó e ao pó retornaremos"[12], creio que ela esteja dizendo que tudo aquilo que é do mundo material aqui ficará; nada trouxemos, nada levaremos.

A vida na Terra não é um fim em si mesmo, e sim um campo de experiências para o espírito desenvolver as suas aptidões intelectuais e morais. Não importa o lugar que eu ocupo no mundo, mas se o que eu estou fazendo nele me torna um ser humano melhor, e isso somente é possível a partir dos valores espirituais de paz, amor e fraternidade.

O sentido da vida, pois, não deve ser unicamente a conquista daquilo que o tempo se encarregará de transformar em poeira. Por isso, Jesus afirmou que o homem deveria se ocupar com os tesouros do céu, onde as traças e a ferrugem não corroem, e onde os ladrões não roubam.[13]

---

12 Gênesis 3, 19.
13 Mateus 6, 19-20.

Com tais palavras, Jesus não endossa o materialismo, responsável por tanta descrença, desespero e angústia no homem, por não conseguir esclarecer os grandes enigmas humanos.

Afinal, que consolo o materialismo nos dá diante da morte dos seres que mais amamos? Como ele explica o sofrimento que atinge todos nós, sobretudo nas vezes em que não encontramos nesta vida nenhuma causa que o justifique? De que forma o materialismo explica o fato de crianças nascerem com graves enfermidades genéticas? Todos esses fenômenos estariam subordinados a um jogo de sorte ou azar, na medida em que o materialismo nega a existência de um princípio divino regulando o universo e as relações humanas? Pela mesma razão, por qual motivo o homem se sentiria estimulado a ser bom, fraterno e justo com seu semelhante, se, conseguindo escapar da imperfeita justiça humana, não sofresse qualquer interferência de uma justiça divina, que tudo vê, tudo sabe e tudo corrige? Diante dos sofrimentos humanos, que consolo e esperança o materialismo nos oferece?

Foi exatamente pelo fato de o materialismo não fornecer essas respostas que Jesus falou sobre a necessidade de cuidarmos da nossa dimensão espiritual, pois, se tivermos uma visão materialista, jamais encontraremos o sentido e o propósito da vida e, fatalmente, cairemos num poço sem fundo.

Espiritualizar-se, segundo Chico Xavier, "é conduzir a vida no caminho do bem, do amor ao próximo e da caridade material e espiritual; é fazer esforço constante para corrigir seus defeitos e domar seus maus instintos; enfim, é fazer crescer o reino de Deus dentro de nós".[14] Fazer crescer o reino de Deus em nós é fazer crescer o amor em nós, fazer crescer o perdão, fazer crescer a consciência da sacralidade da vida e de todo ser vivente e de que todos nós pertencemos à mesma família cósmica e devemos trabalhar pela felicidade de todos os seus membros, indistintamente.

Desenvolver nossa espiritualidade não implica ter que abdicar dos bens materiais e da própria vida na Terra. Espiritualizar-se não é se afastar do mundo, mas viver no mundo sem se apegar a ele. Podemos possuir as coisas sem sermos possuídos por elas. As conquistas materiais podem ser importantes, muitas vezes, são até necessárias para uma sobrevivência digna, porém, passando desse nível, não são essenciais.

Não é "pecado" ter bens materiais, exercer o poder ou ser famoso; o que devemos evitar é a riqueza exterior à custa da nossa miserabilidade interior, ser rico e não aprender a dividir, ter fama e ser pobre de afeto, ter poder e não ter disposição para servir, ter conhecimento e não compartilhar o saber, ser importante e não se importar com o próximo. Se assim procedermos, estaremos ganhando o mundo e perdendo nossa alma, como advertiu Jesus.[15]

Li um pensamento atribuído a Jim Brown que reflete bem essa fala do Cristo e que demonstra a falta que faz

---

14 Plantão de Respostas, Pinga Fogo II, p. 66, CEU editora.
15 Mateus 16, 26.

a Espiritualidade no ser humano: "Os homens perdem a saúde para juntar dinheiro, depois perdem o dinheiro para recuperar a saúde. E por pensarem ansiosamente no futuro esquecem do presente, de forma que acabam por não viver nem no presente nem no futuro. E vivem como se nunca fossem morrer... e morrem como se nunca tivessem vivido".[16]

Como exercício prático, eu gostaria de deixar algumas perguntas para a sua reflexão (para a minha também, é claro). Não demore a respondê-las, pois elas o ajudarão a se reconectar com o sentido espiritual da própria existência. Além do mais, ninguém sabe quando o trem da vida fará o chamado para a viagem de volta...

Aproveitemos, então, o tempo de que ainda dispomos para as correções de rota, e esse tempo é aqui e agora!

- *Se hoje fosse seu último dia aqui na Terra, qual seria o seu maior arrependimento?*
- *Com base na resposta anterior, como você agiria a partir de agora, se tivesse mais tempo para viver?*
- *Com quantas pessoas você de fato se preocupa na vida?*
- *Você tem gerado paz, alegria e felicidade nos ambientes em que vive?*
- *Se você não existisse, que falta você faria?*[17]

---

16 https://www.pensador.com/autor/jim_brown/Acesso em 06 de julho de 2022.
17 Pergunta de Mario Sergio Cortella.

- *Você se sente muito identificado com seu corpo, sua casa, seus pertences, seu trabalho, seus afetos? Você já percebe que todas as situações da experiência humana são transitórias e que nós não somos donos de nada, muito menos de ninguém, e que tudo se destina a criar felicidade para nós e para os outros?*

- *Gandhi afirmou: "minha vida é minha mensagem". Qual é a mensagem que você está deixando ao mundo? Gosta dela? Desejaria mudá-la?*

# 2

## Aqui e agora

"*Que poderia eu dizer-te, ó reverendo? Só, talvez, que procuras demais, que de tanta busca não tens tempo para encontrar coisa alguma.*

*Sidarta*[18]

---
18 Sidarta, Hermann Hesse, versão e-book, Record editora.

Com muita frequência, em conversa com amigos e familiares, para tentar justificar uma certa ausência de nós, afirmamos que "nossa vida está uma correria". E, de fato, está, na maioria das vezes. Vivemos num ritmo muito acelerado, temos que atender inúmeras exigências e, assim, ficamos assoberbados, sem pausas, atolados de afazeres, compromissos, metas...

Tudo isso, porém, tem um alto preço. O monge budista Thich Nhat Hanh diz qual é esse preço: "Nós frequentemente ficamos tão ocupados que nos esquecemos do que estamos fazendo ou de quem somos. Conheço muitas pessoas que dizem que se esqueceram até de respirar. Nós nos esquecemos de olhar as pessoas que amamos e de apreciá-las até que elas desapareçam. Até mesmo quando temos algum tempo livre não sabemos como entrar em contato com o que está se passando dentro de nós. Por isso ligamos a televisão, pegamos o telefone como se fôssemos capazes de fugir de nós mesmos".[19]

Dentre os inúmeros prejuízos desse modo atribulado de viver, o qual costuma nos tirar do "aqui e agora" e nos

---

19 Felicidade, práticas essenciais para uma consciência plena, p. 8, Editora Vozes.

deslocar para um instante futuro, está a desconexão com nós mesmos, com as pessoas à nossa volta, com as tarefas que realizamos. Muita coisa fica no "piloto automático", e isso fatalmente nos leva a experimentar um vazio interior, acompanhado de tédio, ansiedade, empobrecimento das nossas relações afetivas e ausência de satisfação com as nossas tarefas. Enfim, há muita atividade e pouco envolvimento com a vida, há muita superficialidade e pouca essência, o que nos leva a um adoecimento como seres humanos.

Estamos acelerados para encontrar a felicidade em algo que, supostamente, está para acontecer, e, enquanto isso, a vida passa por nós, as pessoas passam por nós, as oportunidades passam por nós, uma criança sorri para nós, uma linda canção toca no rádio, o espetáculo do pôr do sol acontece bem diante dos nossos olhos, e nós perdemos a capacidade de contemplar esses e outros pequenos "milagres" que, diariamente, nos visitam.

Eu me recordo de um episódio ocorrido com Chico Xavier, que ele narra como sendo um dos fatos mais expressivos de sua vida. Ele mesmo nos conta:

"Eu estava em Uberaba, há uns dois anos, esperando um ônibus para ir ao cartório. Da nossa residência até lá tem uns três quilômetros. Nós, com o horário marcado, não podíamos perder o ônibus. Mas, quando o ônibus estava quase parando, uma criança, de uns cinco anos, apresentando bastante penúria, gritava por mim, de longe. Chamava por Tio Chico, mas com muita ansiedade. O ônibus parou e eu pedi, então, ao motorista: 'Pode tocar o ônibus, porque aquela criança vem correndo em minha direção e eu estou supondo que este menino esteja em grande necessidade de alguma providência'. O ônibus seguiu, eu perdi naturalmente o horário. A criança chegou ao meu lado, arfando, respirando com muita dificuldade. Eu perguntei: 'O que aconteceu, meu filho'? Ele respondeu: 'Tio Chico, eu queria pedir ao senhor para me dar um beijo'. Esse foi um dos acontecimentos mais importantes da minha vida."[20]

Que bela lição de consciência do momento presente! Uma criança correndo em sua direção era mais importante do que os compromissos burocráticos que, frente à riqueza do momento, poderiam ficar para depois. Se Chico Xavier subisse no ônibus, provavelmente nunca mais encontraria aquela criança para receber a ternura de um beijo, fato que ele próprio catalogou como um dos mais importantes da sua vida! E quanto a nós, quantos beijos, abraços, conversas, encontros temos perdido? Muitas vezes, estamos atrás do ônibus que nos leva ao futuro, esquecendo de viver a beleza do aqui e agora...

De que forma fugir desse estado de quase inconsciência de nós mesmos e de tudo o que nos cerca? Parece-me que a resposta não pode ser outra: tornar-se consciente, estar atento e acordado para o momento presente, tocar a vida

---

20 Chico Xavier, Mandato de Amor, organização de Geraldo Lemos Neto, p. 250, União Espírita Mineira.

profundamente em cada instante, como recomenda Thich Nhat Hanh.[21]

Em todas as nossas atividades, estejamos conscientes do que estamos fazendo! Precisamos nos reconectar com nós mesmos, reconectar-nos com a vida à nossa volta, incluindo tudo e todos que nos cercam. Proponho que, neste instante, ou assim que lhe for possível (apenas não demore), você pratique a seguinte meditação da atenção plena, e volte a ela todas as vezes em que você se sentir no "piloto automático":

*Onde quer que você esteja agora, de olhos semiabertos, dedique atenção à sua respiração. Perceba a inspiração e a expiração, algumas vezes. Não force a respiração, apenas sinta.*

*Depois, procure sentir seu corpo, observe-o atentamente, da cabeça aos pés. Tente sentir as batidas do seu coração. Faça isso sem pressa. Após, volte a prestar atenção em sua respiração, calmamente.*

*Em seguida, abra seu olhar e comece a observar o ambiente à sua volta: portas, janelas, móveis, paredes, objetos decorativos; sinta a temperatura ambiente, a luminosidade e algum aroma presente. Aprecie a beleza à sua volta, a organização, a funcionalidade de cada objeto, o conjunto das cores, os bens de que você dispõe para*

---

21 Obra citada neste capítulo.

o seu conforto... Depois, volte a ter consciência da sua respiração. Pronto. Agora você pode, lentamente, retornar às suas atividades.

Mas a meditação continua. Doravante, procure estar consciente em tudo o que fizer. Toque a vida profundamente, em cada momento. Trabalhe, consciente do que está fazendo. Coma, consciente do que está comendo. Ande, consciente de que está andando. Converse, consciente do que está falando. Relacione-se, consciente da sua presença e da presença do outro em cada encontro. Ore, consciente de que está orando. Leia, consciente de que está lendo.

No início, é provável que a rotina o capture no "piloto automático". Está tudo certo. Apenas volte ao seu estado de atenção plena ao momento presente. Com a persistência dessa prática, ela se tornará um dos hábitos mais saudáveis da sua vida interior.

# 3

# Acalmando as tempestades

"*Coragem! Sou eu. Não tenham medo!*

*Jesus*[22]

---
22 Mateus 14, 27. Novo Testamento. Sociedade Bíblica do Brasil.

Jesus pronunciou essas palavras quando surgiu aos discípulos no exato instante em que eles enfrentavam fortes tempestades no mar da Galileia, temerosos de um iminente naufrágio. Hoje, a cena se repete. Nós somos os amigos de Jesus que atravessam o mar das dificuldades. E, não raro, julgamos que nosso barco vai afundar.

Mas, assim como surgiu aos discípulos no momento mais difícil da travessia, esse mesmo Jesus também surge no instante da nossa aflição, dizendo-nos, de igual modo: "Sou eu, não tenham medo". Escute essa voz falando ao seu coração, aqui e agora! Você não ouvirá com os ouvidos físicos, mas, se fizer silêncio interior e estiver receptivo, sentirá a presença encorajadora do Cristo!

Você poderá objetar que não é possível ver Jesus como os discípulos viram. Mas o fato de não enxergar a presença física de Jesus não significa que ele não esteja presente. Nós não enxergamos as ondas do aparelho celular, mas não duvidamos da existência delas, pois são elas que possibilitam nossa comunicação com a pessoa do outro lado da linha. Por que, então, duvidar da presença de Jesus, se ele nos assegurou que estaria todos os dias conosco?[23] Somente o senso de Espiritualidade pode nos conferir essa certeza. Para o materialismo, Jesus é apenas um personagem histórico, definitivamente morto. Porém, para quem acredita na imortalidade da alma, na comunicação entre os seres dos mundos material e espiritual, na missão redentora que Jesus ainda exerce sobre a Humanidade, é possível acreditar na presença dele ao nosso lado, sobretudo nos momentos em que estamos em dificuldades.

É por isso que Jesus afirmou: "Bem-aventurados são os que não viram e creram".[24] Feliz é quem tem fé na presença do Cristo, pois sabe que ele é o amigo de todas as horas, sobretudo das horas mais difíceis!

A fé verdadeira é aquela existente nos momentos de instabilidade. A fé não é para os tempos de calmaria; é para os momentos de tempestade. A fé exige os exercícios mais sublimes da nossa Espiritualidade. Muitas vezes, estamos remando no mar agitado das dificuldades, nosso barco balança ante a força das ondas bravias, mas temos fé de que, de um jeito ou de outro, vamos vencer a turbulência, porque, em última análise, ela veio para nos obrigar a treinar as nossas habilidades!

A fé nos ensina a ser fortes, e a presença do Cristo nos traz a confiança de que não estamos sozinhos e de que iremos superar os obstáculos. Não o vemos diretamente, mas sabemos que ele está conosco, confiamos no seu amparo,

---

23 Mateus 18, 20.
24 João 20, 29. Novo Testamento. Sociedade Bíblica do Brasil.

e, assim, continuamos a remar, cheios de coragem, apesar da ventania contrária.

Narra a passagem evangélica que Jesus acabou entrando no barco dos discípulos e, com isso, o vento se acalmou e eles chegaram ao seu destino. Hoje, permitir que Jesus entre em nosso barco é sentir a sua presença espiritual nos envolvendo em coragem, perseverança, paciência, resiliência e entendimento de que as dificuldades, quando bem aceitas e superadas, trazem ganhos para a nossa vida. Não estamos à deriva no mar revolto; Cristo é o comandante da embarcação, e nós estamos remando com ele, rumo a águas mais tranquilas.

Por isso, em meio às suas tempestades, eu o convido a meditarmos juntos:

*Visualize em sua mente você dentro de um pequeno barco, em alto mar. As águas estão agitadas por ventos contrários ao seu destino. São os seus problemas, dificuldades e doenças. Você se sente temeroso. Porém, imediatamente uma luz intensa se aproxima do seu barco e vem em sua direção. Você sente confiança e bem-estar. Quando a luz está bem perto, você reconhece que é Jesus quem está à sua frente. Sorrindo, ele pede que você continue remando, ele diz que você é mais forte que as ondas, que tudo isso vai passar e que você reconhecerá que a dificuldade foi uma escada para o seu crescimento.*

*Você vai ganhando forças novas e, enfim, vê Jesus entrando no seu barco. Você está feliz! Você se sente seguro! Os ventos acalmaram. A tempestade passou. Você ganhou força e sabedoria. E, agora, chegou ao seu destino em paz.*

*Você, então, abraça Jesus e agradece a presença dele no barco da sua vida!*

# 4

## Pensar bem para viver melhor

> *Compreendi, desse modo, que a mente possui incalculável poder sobre o nosso campo emotivo e, assim como poderia materializar ideias de doença, também deveria criar ideias de saúde e mantê-las. Baseado nessa convicção, procurei decifrar o problema em meu próprio benefício e passei a mentalizar o equilíbrio e a esperança, a alegria e o serviço.*
>
> Irmão Jacob[25]

---

[25] Voltei, psicografia de Francisco Cândido Xavier, pelo Espírito Irmão Jacob, p. 110, FEB editora.

Há muito tempo se fala na força do pensamento, embora nem sempre o utilizemos de forma proveitosa para nós. O poder mental está na base das realizações humanas, é o seu alicerce. Léon Denis afirma: "O pensamento, dizíamos, é criador. Não atua somente em roda de nós, influenciando nossos semelhantes para o bem ou para o mal; atua principalmente em nós; gera nossas palavras, nossas ações e, com ele, construímos, dia a dia, o edifício grandioso ou miserável de nossa vida presente e futura".[26]

O pensamento afeta o nosso estado emocional e, por consequência, desemboca em nossas atitudes. É por esse motivo que se diz que o pensamento é criador, na medida em que, a partir dele, o homem tende a materializar o que se passa em seu mundo mental. Evidentemente, não é qualquer pensamento que tem essa propriedade, mas apenas aqueles que se revestem das forças da vontade e da persistência.

Além disso, o pensamento firme e perseverante, seja bom, seja mau, atua, primeiramente, em nós, afetando diretamente o nosso campo emocional, e, a partir dele,

---

26 O Problema do ser, do destino e da dor, p. 495, FEB editora.

começa a plasmar em nosso corpo a saúde ou a doença, conforme a natureza do pensamento desencadeante. Pensamentos crônicos de raiva, medo e tristeza, por exemplo, desequilibram nossas emoções e, por consequência, desencadeiam choques vibratórios, que desarticulam as engrenagens do corpo físico.

Da mesma forma, como visto na citação de abertura do capítulo, Irmão Jacob menciona que ele começou a mentalizar pensamentos positivos, como equilíbrio, esperança, alegria e caridade, como recursos capazes de produzir bem-estar interior, condição essencial para a saúde. Nossa mente não está apenas no cérebro; ela está em todas as células e órgãos, de modo que tudo o que de relevante se passa na mente, automaticamente, também se passa no corpo.

É importante considerar, ainda, que o pensamento, como força energética de grande potencial, constrói nossa atmosfera espiritual, onde vamos respirar as emanações positivas dos bons pensamentos ou os fluídos tóxicos dos pensamentos inferiores. Nossos pensamentos habituais têm o poder de higienizar ou poluir o campo espiritual que nos circunda. Aquela sensação de leveza ou de um grande peso nas costas pode ser efeito, embora não seja o único, da harmonia ou da poluição da nossa atmosfera energética.

Além do mais, vale a pena registrar que o campo energético criado pelo conjunto dos nossos pensamentos também é capaz de influenciar pessoas e ambientes com os quais tomamos contato. As pessoas não leem nossos pensamentos, mas percebem, em alguma medida, a qualidade da nossa energia (padrão vibratório), sentindo bem-estar ou repulsa diante da nossa presença.

Imaginemos, em outra situação, o efeito dos pensamentos no ambiente do lar. Se os bons pensamentos não forem predominantes, o lar ficará submerso numa atmosfera espiritual negativa, o ambiente se tornará pesado e seus moradores, mais suscetíveis a discussões, doenças e desinteresse pela vida familiar.

De tudo o quanto foi dito, podemos concluir que qualquer mudança verdadeira em nossa vida deve principiar pela mudança dos nossos pensamentos. Foi o que Paulo de Tarso ensinou: "E não vos conformeis com este mundo, mas transformai-vos, renovando a vossa mente, a fim de poderdes discernir qual é a vontade de Deus, o que é bom, agradável e perfeito".[27] A transformação da nossa vida, pois, passa, necessariamente, pela renovação da nossa mente.

Precisamos educar a nossa mente, não deixar que ela corra como um cavalo selvagem sem rédeas.

Apresento, agora, algumas sugestões práticas para que você possa iniciar o seu processo de renovação mental. Bom trabalho!

### Temos o poder de escolher nossos pensamentos.

Saiba que todo pensamento que criou raízes em nós foi, em algum momento, escolhido, aceito e validado por nós. Para desenraizar esse pensamento, tomemos a decisão fir-

---

27 Romanos 12, 2. Bíblia de Jerusalém, Paulus.

me de não mais alimentar, validar e confirmar esses pensamentos que não mais queremos em nossa vida.

**Não brigue com os pensamentos negativos que surgem em sua mente.**

Não temos o poder de impedir a entrada de um pensamento negativo em nossa mente, mas temos o poder de recusá-lo, deixando-o passar. Assim como você muda os canais da televisão pelo controle remoto, mude de canal quando o que entrou na sua tela mental o enfraquece, adoece e perturba o seu equilíbrio. Substitua, imediatamente, esses pensamentos por outros opostos e cultive-os até criarem raízes em sua mente, deixando-o em paz.

**Escolha ficar apenas com os pensamentos construtivos,** aqueles que o levam a um estado de positividade, amorosidade e confiança em Deus e em si mesmo.

**Reserve um horário do seu dia para mentalizar as ideias positivas mais adequadas ao seu momento de vida.**

Mentalizar é imaginar (com vontade e persistência), conceber, fixar a mente no propósito desejado, e não apenas repetir palavras desconectadas do nosso querer e vontade. Exemplos para você mentalizar:

*Meu corpo se revigora com a força divina.*

*Todos os dias, sob todos os aspectos, vou cada vez melhor.*[28]

---

28 Pensamento criado por Émile Coué.

*A força de Deus habita o meu ser.*

*A vida me ama e me apoia.*

*Meus caminhos estão abertos para o progresso.*

*Sou uma pessoa amável.*

*Estou em paz.*

*A vida me traz as oportunidades que preciso.*

*Tenho confiança nas minhas capacidades.*

*Mesmo que experimente o insucesso, saberei dar a volta por cima.*

*O Senhor é meu Pastor, Ele não me faltará.*

# 5

## Cura Interior

> *Como sabeis, fui médico, meus caros companheiros, mas só compreendi a verdadeira finalidade da Medicina quando pude empregá-la concomitantemente na cura do corpo e na do espírito, porque no corpo apenas se refletem as moléstias do espírito...*
>
> *Bezerra de Menezes*[29]

---

[29] Bezerra de Menezes Ontem e Hoje, p. 117, FEB editora.

Quem deseja a saúde do corpo deve trabalhar igualmente pela saúde do espírito. O corpo físico é o espelho da alma, é o palco onde nossos dramas íntimos são representados. Os conflitos internos não elaborados são decalcados no corpo. O movimento da doença é de dentro para fora, do interior para o exterior. Então, todo processo de cura deve alcançar não apenas o corpo, mas, sobretudo, o espírito, cujo desequilíbrio é fator de adoecimento da matéria.

A saúde física se assenta, em grande parte, na saúde do espírito. Esta, por sua vez, advém do equilíbrio interior haurido dos bons pensamentos, sentimentos e atitudes. As emoções e pensamentos doentios, assim como as atitudes malsãs, geram choques vibratórios na harmonia orgânica, dando campo ao surgimento de várias doenças. O desequilíbrio interior se reflete no corpo físico. Em grande parte das vezes, o adoecimento emocional, mental e existencial antecede o adoecimento físico. O corpo seria uma espécie de escoadouro das impurezas do espírito![30]

---

[30] Não desconsidero que o adoecimento também pode resultar de causas físicas e ambientais. E, mesmo nas moléstias de fundo emocional ou espiritual, a participação dos profissionais da saúde jamais poderá ser descartada (nota do autor).

Para a ciência médica oficial, a saúde é a perfeita harmonia do corpo. Já para a Espiritualidade: "... a saúde é a perfeita harmonia da alma, para obtenção da qual, muitas vezes, há necessidade da contribuição preciosa das moléstias e deficiências transitórias da Terra".[31] Não é incrível essa definição?

A enfermidade, então, seria um mecanismo através do qual o enfermo é convidado a rever a sua forma de viver, corrigindo aquilo que o desequilibra interiormente. Nesse contexto, a doença é o processo de cura do espírito, restaurando o equilíbrio perdido. Não basta, pois, tratar a doença sem tratar o doente!

A Dra. Brigitte Dorst, psicóloga, afirma, no mesmo sentido: "Uma enfermidade que ameaça a vida, como, por exemplo, o câncer, leva muitos atingidos a submeter sua vida a um exame. A doença impõe limites à possibilidade de planejar sua própria vida, muda prioridades. Ela pode ser entendida como um chamado especial da vida para mudar a valoração do que é importante e do que não é importante e levar a pessoa a perguntar criticamente pelo sentido do seu próprio modo de viver".[32]

A partir do momento em que consideramos que o egoísmo e o orgulho são as doenças básicas do espírito,[33] isso pode nos levar à compreensão de grande parte das nossas

---

31 O Consolador, pelo Espírito Emmanuel, psicografia de Francisco Cândido Xavier, questão nº 95, FEB editora.
32 C.G. Jung, Espiritualidade e Transcendência, seleção e edição de Brigitte Dorst, p. 26, editora Vozes.
33 O Livro dos Espíritos, Allan Kardec, questão nº 913.

enfermidades. O orgulho nos faz crer na nossa superioridade sobre os outros, e isso nos leva a agir com egoísmo, arrogância prepotência, cobiça, intolerância, sensação de que pessoas e coisas nos pertencem, perfeccionismo, insaciabilidade... E, todas as vezes em que nossos interesses são contrariados, surgem a raiva, o ódio, a mágoa, o melindre, a vitimização, as contendas, o ciúme, a inveja, a frustração, a culpa, as dores do apego, a violência, as guerras pessoais e coletivas, e toda essa gama de paixões inferiores rompe a harmonia da alma, adoecendo o corpo.

Jesus é o grande médico de nossas almas, não apenas pelo fato de poder usar o seu potente magnetismo divino para restaurar as engrenagens físicas, esgarçadas pelas nossas paixões inferiores, mas, sobretudo, porque seus ensinamentos, uma vez assimilados, são capazes de curar o nosso ego adoecido, com os remédios da humildade, da fraternidade, do perdão e do amor, mantendo-nos em paz e harmonia, condição essencial para a saúde existir.

Não seria a doença um processo da própria vida para a cura do ser espiritual que adoeceu pelo excesso de ego? A enfermidade, por si só, é a prova da fragilidade humana, assim como da própria finitude do corpo físico, pondo o homem a pensar que todo poder, toda riqueza e toda glória terrena um dia desaparecerão, e o homem vai se deparar apenas com aquilo que construiu dentro do seu coração. A pandemia do coronavírus não seria um exemplo contundente disso?

Se refletirmos sobre essas questões, nos tornaremos mais humildes, daremos menos importância a coisas pequenas, não ficaremos eternizando conflitos, perdoaremos mais facilmente, passaremos a valorizar mais as pessoas do que as coisas, teremos menos empáfia, seremos mais gratos, não deixaremos o amor para depois...

No final das contas, acredito que a doença cumpra o papel de nos despertar para as coisas que realmente importam na vida enquanto estivermos por aqui. Digo, portanto, que não devemos ver a doença como uma inimiga a ser combatida, mas como uma severa instrutora, que vem para nos ensinar a viver melhor.

Acho que deu para perceber que nossa cura exige muito mais do que comprimidos, dietas e cirurgias. O médico desempenha um papel indispensável. Mas precisamos também olhar o nosso interior, e desde já, aqui e agora, entender o que a enfermidade é capaz de nos ensinar. As lições de Jesus falam ao nosso mundo interior adoecido, curando-nos a alma.

Sugiro que você leia e medite sobre as passagens do Cristo em que ele curou um paralítico,[34] um leproso,[35] quando ele curou a mulher hemorrágica,[36] quando ele curou o cego Bartimeu,[37] quando ele curou o servo do centurião,[38]

---

34 João 5, 1-9.
35 Lucas 5, 12-14.
36 Marcos 5, 25-34.
37 Marcos 10, 46-52.
38 Lucas 7, 1-10.

quando ele ensinou o perdão,[39] enfim, quando ele falou que a coisa mais importante de tudo na vida é amar.[40] Todas essas passagens mostram a terapia de cura interior utilizada por Jesus. Medite sobre elas, entendendo quais ensinamentos elas trazem para a nossa vida.[41]

Eu o convido, agora, ao término deste capítulo, a iniciar o seu tratamento de saúde espiritual com o remédio da prece:

> *Querido amigo Jesus. Sinto-me enfraquecido física e espiritualmente. Encontro-me com a saúde debilitada. Por isso, eu o busco neste momento. Tal como as centenas de pessoas que o senhor curou em sua passagem pela Terra, eu aqui me encontro, suplicando que as suas mãos me toquem, restaurando-me a saúde e o ânimo de viver. Desperte em mim, Jesus, a consciência das minhas mazelas interiores, causa do meu adoecimento.*
>
> *Que eu possa reconhecer meus pensamentos doentios, minhas emoções desvairadas, minhas atitudes contrárias aos seus mandamentos de amor. Que eu desperte para o meu propósito de vida, que outro não é que não amar e servir com os talentos que Deus me concedeu. E que tudo isso me faça mais amoroso, mais humilde, compreensivo, paciente comigo e com o meu próximo. Que eu possa me libertar da pretensão de ser melhor e maior do que*

---

[39] Mateus 6, 14.
[40] Mateus 22, 36-40.
[41] Tomo a liberdade de indicar a leitura de nosso livro "O Médico Jesus", publicado por Intelítera editora.

os outros. Que eu aceite a minha condição humana, imperfeita e inacabada, e, assim, que eu perdoe mais, perdoando-me também.

Que eu seja simples, que eu descomplique, que eu esteja em paz comigo e com meu semelhante. E que essa paz se irradie por todas as células e órgãos do meu corpo, com a bênção do seu infinito amor.

Assim seja!

Se você quiser continuar orando comigo em favor da sua saúde, acesse esse vídeo.

https://youtu.be/DMM_uWfTFxE

# 6

## Acolher Maria

> *Acredito que Nossa Senhora, o espírito iluminado de Maria de Nazaré, seja de fato a Entidade Espiritual que, com suas diversas aparições, venha tentando despertar a Humanidade para as lições do Evangelho de Jesus.*
>
> Chico Xavier[42]

---

[42] Orações de Chico Xavier, Carlos A. Baccelli, p. 26, LEEPP.

Quando pensamos na vida de Jesus, impossível não lembrar de sua mãe, Maria de Nazaré. Ela é figura importantíssima no planejamento divino para trazer à Terra aquele que viria a dar o mais importante impulso ao processo de espiritualização da Humanidade, Jesus. Maria foi a zelosa mãe que cuidou das necessidades físicas, emocionais e espirituais do menino Jesus, permitindo que ele crescesse em sabedoria, estatura e graça, diante de Deus e dos homens, como narra o Evangelho.[43]

Ao deixar o plano físico, anos após a crucificação de Jesus, Maria não teve por finda a sua missão, pois recebeu do próprio Cristo a incumbência de ser a Rainha dos Anjos.[44] Miramez esclarece: "Maria de Nazaré, rainha de todos os Espíritos que trabalham na atmosfera da Terra, derrama sobre nós o mesmo amor que nos dispensou há dois mil anos, chamando-nos de filhos e servindo sempre de instrumento para a nossa alegria. Ela foi o 'anjo' que se revestiu de carne no planeta Terra, para favorecer a des-

---

43 Lucas 2, 52.
44 Boa Nova, psicografia de Francisco Cândido Xavier, pelo Espírito Humberto de Campos, p.200, FEB editora.

cida mais arrojada que a Divindade determinou em favor dos homens".[45]

Nos momentos finais na cruz, vendo sua mãe ao lado de João Evangelista, Jesus diz: "Mulher, eis o teu filho"! E logo em seguida, vira-se para João e diz: "Eis tua mãe"![46] Simbolicamente, naquele momento, Jesus outorga a Maria a condição de mãe espiritual da Humanidade. João é o símbolo de todos os filhos da Terra.

O Evangelho ainda registra que, depois daquele momento, João acolheu Maria em sua casa.[47]

Que bom seria se também seguíssemos o exemplo de João: acolher Maria em nossa família. Já pensou quanta coisa mudaria em nossa casa? Na presença da Mãe de Jesus, o ambiente do lar seria de paz, alegria, cooperação e afeto. Certamente, trataríamos melhor os familiares, seríamos mais gentis, respeitosos, compreensivos, interessados na felicidade de cada integrante da família.

E vejo, ainda, Maria orando todas as noites conosco na sala, contando as histórias de Jesus, animando o nosso espírito de paz e esperança diante das dificuldades. Isso não é uma utopia! Basta lembrarmos que Maria é nossa mãe espiritual e que, como tal, gostaria muito de nos conduzir ao encontro com Jesus. Se é impossível pensar em Jesus sem lembrar de Maria, igualmente, e com mais fortes ra-

---

45 Maria, pelo Espírito Miramez, psicografia de João Nunes Maia, p. 14, Fonte Viva editora.
46 João 19, 25-27. Bíblia Sagrada. Tradução oficial da CNBB, edições CNBB.
47 João 19, 27. Bíblia Sagrada. Tradução oficial da CNBB, edições CNBB.

zões, não se pode falar de Maria desvinculada da missão divina do Cristo.

Por essa razão é que Maria, segundo Chico Xavier, vem aparecendo em diversas partes do mundo, como, por exemplo, em Fátima (Portugal), Lourdes (França), Guadalupe (México), e, por que não dizer também, visitando os lares que lhe abrem as portas, para alertar o homem sobre a necessidade de amar, como Jesus nos ama.

Que, neste instante, possamos nos unir em preces, pedindo a intercessão da Mãe Santíssima para as nossas necessidades de socorro e elevação. Se possível, reúna os seus familiares para que, juntos, acolham Maria em sua casa:

*Mãe abençoada. Estamos aos teus pés, rogando amparo para as nossas dores do corpo e da alma. Ainda somos crianças espirituais, necessitadas do teu olhar maternal. Cuida de nossos caminhos, orienta os nossos passos, abranda o nosso coração endurecido.*

*Mãe querida, segura a nossa mão neste instante de aflição, enxuga as nossas lágrimas, traz-nos de volta a esperança em melhores dias e conduze-nos à presença de nosso Mestre Jesus, teu filho amado e nosso irmão, porque, quando deixarmos cair em nós as tuas divinas lições, todas as nossas lágrimas secarão, todas as dores se acalmarão.*

*Não nos deixes faltar o pão nosso de cada dia, o diálogo respeitoso, o afeto que nos alimenta, o perdão que nos traz paz.*

*Enquanto isso, Mãe Santíssima, fica conosco, aqui e agora, protege-nos com teu manto de amor e luz.*

*Assim seja!*

# 7

## O Rio

"*Entrega ao Senhor o teu caminho, espera nele, e ele agirá.*

*Salmo de Davi*[48]

---
48 Salmo 37(36), 5. Bíblia Sagrada, tradução oficial da CNBB, edições CNBB.

Há momentos de nossa vida em que os revezes nos abatem de tal forma que nos sentimos como náufragos em alto mar. Para essas ocasiões de aflição e desassossego, o Rei Davi nos apresenta o conselho espiritual de entregarmos a nossa vida a Deus, confiando n´Ele, pois sabemos que Ele agirá em nosso amparo.

Entregar ao Senhor o nosso caminho, a nossa vida, é dividir a nossa dor com o Pai que nos criou e nos ama. É colocar nas mãos d´Ele a nossa fragilidade, diante do sofrimento que nos atinge. Nossa entrega é confiante, pois ouvimos a voz de Deus falar pelo Profeta Isaías: "Não tenhas medo, pois estou contigo; Não te assustes, pois eu sou teu Deus. Eu te dou coragem, sim, eu te ajudo, eu te seguro com minha mão justiceira".[49] Leia várias vezes essa passagem bíblica, até sentir que Deus está falando com você!

Outra coisa importante é fazer essa entrega a Deus sem revolta no coração, sem lamentação, com aceitação. É preciso aceitar a prova pela qual estamos passando. Afinal, Deus só nos dá a coragem necessária para agir a partir do momento em que aceitamos, efetivamente, os aconte-

---

49 Isaías 41, 10. Bíblia Sagrada, tradução oficial da CNBB, edições CNBB.

cimentos. Aceitar não significa ficar contente com o que ocorreu, tampouco ficar passivo diante dos desafios que nos tocam, mas entender que problemas são mestres disfarçados na escola da vida, que nos trazem as experiências de que precisamos para crescer.

Muitas vezes, o que chamamos de "problema" é apenas uma etapa de um processo maior. E essa etapa vem, justamente, para nos preparar para uma situação futura mais favorável, desde que, é claro, não fiquemos brigando com o fluxo da vida. É certo pensar que, através dos problemas, Deus está esculpindo em nós uma criatura melhor, mais forte, sábia e amorosa.

Claudio Naranjo explica isso muito bem: "Nesse sentido, acredito que nada acontece por acaso. É como se a vida fosse orquestrada, como se ela seguisse um planejamento superior a nosso próprio horizonte mental, trazendo para cada um de nós as experiências de que necessitamos".[50] Não seria esse o sentido das palavras da prece do Pai-Nosso, quando oramos a Deus nos colocando de acordo com a Sua vontade, e não com a nossa? Para entender esse processo, quero lhe contar a história de um pequeno rio:

"Disse o rio: 'Posso me tornar um grande rio'. Esforçou-se muito, mas havia uma grande pedra a atrapalhá-lo. O rio então resolveu: 'Contornarei essa pedra'. O riozinho insistiu e insistiu e, como tinha muita força, conseguiu contornar a pedra. Logo o rio enfrentou um muro enorme e investiu contra ele sem descanso. No fim, criou um des-

---

50 Palavras de Poder, organização de Lauro Henriques Jr, p. 118, editora Alaúde.

filadeiro e esculpiu um caminho para ele. Cada vez maior, o rio disse: 'Eu consigo. Sou capaz de investir contra meus obstáculos. Não desistirei por nada deste mundo'.

Então surgiu uma floresta enorme. Disse o rio: 'Seguirei em frente de qualquer forma e forçarei essas árvores a caírem'. E ele assim o fez. Agora poderoso, o rio chegou à borda de um deserto enorme, onde o Sol fustigava. Disse o rio: 'Atravessarei este deserto'. Mas a areia quente logo começou a absorver toda a sua água. Disse o rio: 'Oh, não. Mas vou conseguir. Atravessarei o deserto'. Todavia, o rio logo foi drenado pela areia, até se tornar apenas uma pequena poça de lama.

Então o rio ouviu uma voz do alto: 'Entregue-se apenas. Deixe que eu o exalte. Deixe-me assumir o controle'. Ao que o rio proclamou: 'Aqui estou'. O Sol então levantou o rio e o transformou em uma nuvem muito grande. Carregando-o por cima do deserto, permitiu à nuvem chover e deixar os campos longínquos frutíferos e viçosos."[51]

Nós somos esse pequeno rio. Apesar de já termos vencido inúmeras batalhas, sempre haverá aquela que nos fará sentir impotentes e incapazes de vencê-la. Será esse então o tempo de atravessar o nosso deserto, o tempo em que todas as nossas forças serão drenadas pela vulnerabilidade da condição humana. Nessa hora, só nos caberá ouvir a voz de Deus: "Entregue-se apenas. Deixe-me assumir o controle". É provável que Deus altere os nossos planos,

---

[51] História narrada por Henri Nouwen em seu livro "Uma Espiritualidade do Viver", versão e-book, editora Vida.

mas Ele assim fará exatamente porque sempre tem outros melhores para nós. Ele usará nosso sofrimento a fim de nos transformar em uma grande nuvem, para fazer chover em outros campos, e, amanhã, reconheceremos que essa mudança foi uma bênção em nossa vida e na vida de muitos! Nesse momento, então, sejamos dóceis, como o rio!

Eu o convido, neste momento, a fazer a nossa oração de entrega ao Senhor:

*Meu Pai, me apresento diante do Teu coração bondoso, trazendo as aflições que me angustiam neste momento, em que estou em pleno deserto. Sozinho, eu não consigo suportar essa dor. Alivia o meu cansaço, me faz forte onde sou fraco, me traz luz onde sou trevas, me traz sabedoria onde sou ignorância, me traz coragem onde sou medo. Eu me entrego aos Teus propósitos, Senhor. Quero ser nuvem em Tuas mãos benditas. Que eu reconheça a Tua presença em mim, fortalecendo-me, levantando-me e guiando-me pelas estradas que me levam à cura do meu sofrimento. Assim seja, pois assim será!*

# 8

## Eles estão vivos

*"Orai pelos vossos entes amados, supostamente mortos, porque todos eles se encontram positivamente vivos, colaborando convosco na construção do Mundo Melhor.*

*Emmanuel*[52]

---

52 Amanhece, psicografia de Francisco Cândido Xavier, Espíritos diversos, p. 114, GEEM editora.

A oração pelos nossos antepassados estreita os vínculos espirituais que mantemos com eles e que a morte jamais será capaz de destruir. Como dito na lição que abre este capítulo, nossos entes amados se encontram positivamente vivos nas dimensões do mundo espiritual, possuem tarefas ligadas ao próprio aperfeiçoamento, porém não nos esquecem jamais.

Da mesma forma que oramos por eles, eles também oram por nós. Mais do que isso: eles caminham conosco, sustentando as nossas energias, sugerindo-nos bons caminhos, inspirando-nos bons pensamentos e confortando-nos o coração em nossas lutas diárias.

A oração é a estrada segura por onde se estabelece esse intercâmbio de luz com nossos entes amados. Através dela, não apenas somos amparados por eles, mas também os socorremos com nossos pensamentos de amor, gratidão, esperança e bom ânimo. Eles também necessitam do nosso apoio, pois, com raras exceções, a maioria dos espíritos que passa pela Terra ainda não se iluminou a ponto de se encontrar acima da condição humana, frágil e imperfeita.

Vale, então, o conselho precioso de Bezerra de Menezes, sobre como devemos lidar com nossos entes desencarnados: "Quanto puderdes, recordai-os, qual se os tivésseis ainda sob o olhar, acalentando-os as forças. E, sobretudo, configurai-os na memória não por mortos, e sim por existências contínuas, estampadas no sorriso e na alegria com que vos enalteceram a vida".[53]

Tratemos, pois, de retirar o véu fúnebre que, amiúde, encobre as nossas relações com os antepassados, porque, na verdade, eles não estão mortos, nem distantes, tampouco incomunicáveis. Apenas residem em dimensão vibratória diversa da nossa, a qual, todavia, não oferece barreira intransponível para que eles, sempre que possível, nos acompanhem de perto a experiência física, ora cooperando conosco na superação das nossas dificuldades, ora recebendo o nosso apoio nas dificuldades que eles também atravessam.

Até mesmo na hora do sono, quando nosso espírito se desprende parcialmente do corpo, podemos, em certas circunstâncias, reencontrá-los para o abraço que ameniza a saudade, a palavra que nos orienta e infunde ânimo, a permuta de sentimentos nobres, tudo a demonstrar que a vida é imortal e a experiência terrena é apenas um dos seus infindáveis capítulos.

Eu proponho que, neste instante, possamos orar pelos nossos antepassados.

---

[53] Amanhece, obra citada, p. 91, GEEM editora.

*Fazendo silêncio interior, pouco a pouco, busco na memória todos os seres que me antecederam na experiência física. Vejo também filhos, irmãos, cônjuges e demais parentes. E imagino, lentamente, todos eles formando um círculo à minha volta. Procuro enxergá-los com bons olhos. Vejo que são humanos, como eu, que tiveram erros e acertos, exatamente como eu. Vejo que lutaram em muitas batalhas; em algumas, saíram-se vencedores; em outras, foram vencidos, assim como acontece comigo. Eu os compreendo. Eu lhes agradeço pelos esforços feitos, que hoje me trouxeram uma condição de vida mais favorável. Eu os perdoo pelas insuficiências, tão humanas, assim como também peço perdão por não os ter amado tanto quanto mereciam. Rogo a Deus, neste instante, que eles sejam abençoados, que sejam amparados em suas necessidades, que encontrem paz para continuarem caminhando pela eternidade. Que esta singela oração envolva todos eles com o abraço do meu coração.*

*O círculo vagarosamente se desfaz, cada um segue sua estrada, envolvido pela luz de Deus.*

*Assim seja!*

# 9

## Viver é para sempre

> *A morte é rodeada de cerimônias lúgubres, mais próprias a infundirem terror do que a provocarem a esperança. [...] A partida para esse mundo mais feliz só se faz acompanhar do lamento dos sobreviventes, como se imensa desgraça atingira os que partem...*
>
> *Allan Kardec*[54]

---

54 O Céu e o Inferno, Capítulo II, p. 17, Lake editora.

A ideia da morte costuma provocar grande temor nas pessoas. Isso se deve principalmente à maneira como a morte é encarada, geralmente como se ela fosse o fim, como se a vida terrena fosse o começo e o término de tudo, como se nada existisse, nem antes nem depois dela. É por isso que os velórios são, via de regra, muito tristes e sombrios, como se uma desgraça tivesse atingido o que partiu e os que ficaram.

Não quero dizer que a separação provisória dos nossos entes queridos deve ser celebrada em clima de festa. Evidente que não. O momento é de inevitável introspecção. Provavelmente, sentiremos um aperto no peito, diante da partida do ser querido. Mas devemos encarar esse momento como se o estivéssemos acompanhando até o aeroporto para uma longa viagem que ele fará, com um distante reencontro.

Desse modo, algumas lágrimas talvez sejam inescapáveis e, até, desejáveis. Mas não serão lágrimas de desespero, não serão lágrimas de fel, porque estaremos conscientes de que o ente amado não está mais naquele corpo inerte, tendo viajado para uma das infinitas moradas existentes na casa do Pai, como nos assegurou Jesus.[55] Saberemos que o ser querido se desprendeu da matéria, sobrevive a ela e continua sua trajetória na vida imortal. Essa compreensão acalmará o nosso coração, pois nos fará entender que a morte do corpo não representa a porta para o nada, para o não existir.

Sendo Deus o autor da vida e sendo Ele a expressão mais sublime da justiça e do amor, não se pode admitir que Ele teria a crueldade de nos criar, de pedir que nos amássemos uns aos outros, para, depois de breve tempo, nos fazer desaparecer para sempre. Isso não faria o menor sentido!

Dentro da lógica divina, a morte só pode ser entendida como a continuidade da vida em uma outra dimensão. O mundo terreno não é o nosso lar genuíno; aqui, temos experiências transitórias para o nosso desenvolvimento espiritual. O materialismo nos faz acreditar que a vida material é a única existente ou, quando muito, que ela é a mais importante e que, portanto, morrer é uma desgraça, pois não existe vida fora daqui ou, em existindo, é muito menos aproveitável e prazerosa do que a vida na matéria.

Ora, ledo engano! No mundo espiritual, a vida segue plenamente, tendo o espírito a possibilidade de estudar, trabalhar, servir ao próximo, conviver socialmente com familiares e afetos que lá se encontram, ter acesso a cultura e lazer, e com um aproveitamento mais intenso, porque, fora da matéria, nossa sensibilidade aumenta, nossa per-

---

55 João 14, 2.

cepção cresce. E tudo isso pela simples razão de que a vida jamais cessa, não importando em que morada se encontre o espírito.

O materialismo nos faz crer que somos o nosso corpo, quando, na verdade, somos um espírito que tem um corpo e com ele não se confunde. O corpo é apenas uma vestimenta que o espírito usa enquanto se acha na dimensão material. Terminada a experiência terrestre, o que é da matéria fica na matéria, de modo que o espírito deixa as suas vestes por aqui e ingressa na vida espiritual, levando apenas a bagagem das experiências felizes e infelizes havidas neste plano de existência.

Nós não somos daqui; viemos do mundo espiritual, nosso lar verdadeiro, e para lá sempre voltaremos, até o dia em que não precisarmos mais regressar a este plano material, em virtude da evolução alcançada. Eis o paradigma da Espiritualidade, ao qual precisamos nos ajustar. No túmulo de Allan Kardec, em Paris, foi esculpida uma frase que bem sintetiza a ideia da imortalidade da alma e da transitoriedade da experiência física: "Nascer, morrer, renascer ainda e progredir sempre, tal é a Lei".

Quero registrar alguns pontos para o despertar da nossa consciência sobre o viver e o morrer, segundo o paradigma espiritualista:

1. *Lembre-se, todos os dias, de que estamos de passagem neste plano terreno.*

2. *A Terra é uma escola de aprimoramento espiritual, e aqui viemos para aprender a nos tornar seres humanos melhores.*

3. *Faça revisões periódicas de como você tem se saído, a fim de evitar decepções na hora do balanço final.*

4. *Ninguém ficará aqui para sempre. Todos os habitantes do planeta já estão com o bilhete de volta ao mundo espiritual. Aproveite o seu tempo de forma construtiva, ninguém sabe quando será chamado a retornar.*

5. *Morrer é apenas voltar para a nossa casa. E tanto melhor se voltarmos com um bom aproveitamento na escola da vida.*

6. *Viva de tal forma que, quando você partir, as pessoas sintam a sua falta pelo bem que você espalhou.*

7. *O que me espera além da morte é a mesma vida que eu levava aqui. A morte é mudança de*

*residência, sem transformação da pessoa*[56]*, dizia Chico Xavier.*

8. *Quando algum afeto se for, não acredite que ele morreu. Apenas o corpo parou de funcionar. O Espírito continua na estrada da vida, fez uma curva que não nos permite vê-lo por ora, mas sabemos que ele continua marchando. Não o trate como morto, o fio da vida não foi cortado.*

9. *Se você estiver em algum velório, mantenha-se em clima de respeito e oração. Evite conversas fúteis. Colabore para um ambiente de paz e reconforto ao ente querido que partiu, transmita-lhe pensamentos de bom ânimo, gratidão, perdão e afeto. Desnecessário dizer que qualquer tipo de julgamento sobre seus atos seria, no mínimo, grande falta de caridade.*

10. *A morte é apenas uma passagem para o plano espiritual. Sepultamos ou cremamos o corpo, não o Espírito imortal. Viver é para sempre!*

---

56 Chico Xavier, diálogos e mensagens p. 82, IDE

# 10

# Caridade é felicidade

*"Fora da caridade não há salvação.*
*Allan Kardec*[57]

---
[57] O Evangelho Segundo o Espiritismo, Cap. XV, item 5.

Na minha percepção, esse pensamento de Allan Kardec quer dizer que, fora da caridade, não encontraremos a felicidade. Caridade, no seu sentido espiritual, não se restringe à esmola, à doação de bens materiais; alcança também a benevolência no trato com nossos semelhantes, a indulgência com as imperfeições alheias, o perdão das ofensas,[58] e tudo isso está diretamente ligado à felicidade que tanto almejamos.

Mas do que a caridade nos salva? Ela nos salva dos perigos de uma vida excessivamente autocentrada, uma vida de alguém que se importa apenas consigo mesmo. O egoísmo é a doença espiritual mais grave que nos acomete, pois nos faz crer que o mundo deve girar em torno de nós, que merecemos consideração maior do que os outros, que possuímos a verdade absoluta, e, assim, nos tornamos orgulhosos, soberbos, personalistas, individualistas, autoritários, ciumentos, exagerados, possessivos...

Já deu para perceber, então, como o egocentrismo é capaz de corroer a nossa felicidade, sobretudo quando per-

---

[58] O Livro dos Espíritos, Allan Kardec, Capítulo XI, item III.

cebemos que a felicidade depende, em grande parte, dos bons relacionamentos que conseguimos manter.

A caridade nos salva de todo o sofrimento originado da egolatria, pois o amor nos leva ao movimento de sairmos de nós mesmos para considerarmos que o outro também é importante e precisa do nosso olhar e cuidado, tanto quanto nós precisamos do olhar e cuidado dele. A caridade nos humaniza, pois nos faz compreender que todos (incluindo nós) somos incompletos, frágeis, necessitados de auxílio, compreensão e perdão. A caridade nos leva a ter pelo outro o cuidado, o afeto e a ternura que também precisamos ter por nós mesmos (abordaremos melhor esse aspecto no próximo capítulo).

Assim também pensava Chico Xavier. Segundo a Dra. Marlene Nobre, amiga e biógrafa do médium: "Chico sempre deu muito valor ao trabalho assistencial. Certa vez, uma companheira nossa estava com certos problemas e Chico disse a ela:

– Não adianta você falar comigo. Sua cura está nos trabalhos de sábado à tarde (trabalhos de caridade que o médium realizava em Pedro Leopoldo e Uberaba).

Ele dizia que aquele trabalho fazia com que a pessoa não deixasse secar o coração".[59]

Interessante observar que Chico Xavier não se colocou na posição daquele que iria solucionar os problemas da senhora que o procurava. A ela foi apresentado o convite

---

59 Chico Xavier, meus pedaços do espelho, p. 388, FE editora.

da caridade que salva, isto é, do amor que nos restaura, que não deixa nosso "coração seco"!

Anos mais tarde, um dos maiores cardiologistas do mundo, o Dr. Dean Ornish, professor de medicina na Universidade da Califórnia, veio confirmar as palavras de Chico Xavier. Sem minimizar o poder da dieta e do exercício, nem dos medicamentos e da cirurgia, afirmou o Dr. Ornish:

"Por mais importante que isso seja, descobri que a intervenção mais poderosa – e a mais significativa para mim e para a maior parte das pessoas com quem eu trabalho, incluindo a minha equipe e os pacientes – é o poder curativo do amor e da intimidade e a transformação emocional e espiritual que geralmente eles ocasionam". E sua conclusão é enfática: "... nossa sobrevivência depende do poder curativo do amor; da intimidade e dos relacionamentos. Fisicamente. Emocionalmente. Espiritualmente. Como indivíduos. Como comunidades. Como um país. Como uma cultura. Talvez até mesmo como uma espécie".[60]

Acredito seja esse o maior problema individual e coletivo da Humanidade: está faltando amor em nossa vida, nosso coração está seco! Estamos com o ego à flor da pele e o coração morrendo por falta de amor. Como explica a canção popular: "E ao morrer então é que se vê/que quem morreu/fui eu e foi você/pois sem amor/estamos sós/morremos nós".[61]

---
60 Amor & Sobrevivência, p. 11/12; Rocco.
61 Trecho da canção intitulada "Brigas", de Altemar Dutra.

A caridade é o trabalho espiritual mais eficiente de cura interior!

Apresento algumas sugestões práticas para que possamos colocar, aqui e agora, mais amor em nossa vida, curando o nosso coração seco. Vamos começar?

1. *A caridade se pratica por atos, pensamentos e palavras. A palavra de conforto ao desesperado é tão caridosa quanto o prato de comida a quem tem fome.*

2. *Sendo definida como benevolência no trato com o próximo, a caridade pode ser praticada a todo momento, convertendo-se num modo de viver.*

3. *O amor não tem hora marcada para ser expresso. Aproveite cada momento do seu dia, cada pessoa que você encontrar, cada ambiente onde você estiver, cada tarefa que você realizar, para deixar um sinal de amor da sua presença.*

4. *Afabilidade, doçura, gentileza são expressões amorosas no relacionamento com o próximo.*

5. *O perdão das ofensas é também um ato sublime de caridade.*

6. *Orar por alguém em dificuldade ou pela felicidade de um inimigo é caridade genuína.*

7. *O silêncio diante de uma ofensa é também caridade legítima.*

8. *Visitar um doente levando palavras de ânimo e encorajamento é levar o remédio da caridade a quem sofre.*

9. *Fazer o bem a quem nos persegue é das caridades mais meritórias.*

10. *A caridade praticada dentro de casa é a garantia de paz no lar.*

11. *Quanto mais discreta, simples e despretensiosa for a caridade, mais pura ela será.*

12. *Lembre-se sempre das palavras de Paulo de Tarso e Chico Xavier: você pode ter tudo na vida, ser o homem mais inteligente, rico e poderoso, mas, se tiver o "coração seco", você nada será.*

# 11

## Reconectando a essência amorosa

> *Que eu faça um mendigo sentar-se à minha mesa, que eu perdoe aquele que me ofende e me esforce por amar, inclusive o meu inimigo, em nome de Cristo, tudo isso, naturalmente, não deixa de ser uma grande virtude.*
>
> *[...] Mas o que acontecerá, se descubro, porventura, que o menor, o mais miserável de todos, o mais pobre dos mendigos, o mais insolente dos meus caluniadores, o meu inimigo, reside dentro de mim, sou eu mesmo, e precisa da esmola da minha bondade, e que eu mesmo sou o inimigo que é necessário amar?*
>
> Carl G. Jung[62]

---

62 C. C. Jung, Espiritualidade e Transcendência, seleção e edição de Brigitte Dorst, p. 165, editora Vozes.

O sentimento de amor ao próximo passa, necessariamente, pelo amor que precisamos ter por nós mesmos. Não podemos esquecer que somos o próximo mais próximo de nós mesmos, e é muito difícil, senão impossível, dar ao outro o que não temos para nós.

Amar-se não é endeusar-se, não é ser egoísta! Ao contrário, é aceitar-se nas suas fragilidades, estimulando-se a fazer o melhor por si. Porque, segundo Carl G. Jung, psiquiatra suíço, em mim mora também um miserável, um mendigo, um doente, um rejeitado, um carente, às vezes até o meu maior inimigo, crítico e caluniador, e todos eles, todos, precisam da esmola da minha bondade! Somos, ao mesmo tempo, o ser que ama e o ser que precisa ser amado. Da mesma forma que nos relacionamos com os outros, também mantemos uma relação conosco, que pode ser saudável ou adoecida, a depender se cultivamos apreço ou aversão por nós mesmos.

Quando deixamos de nos amar, seja porque passamos por alguma experiência na qual não nos sentimos amados e acabamos julgando que somos indignos de receber amor, seja porque não aceitamos que ninguém poderá nos amar ilimitadamente, o medo e a insegurança passam a nos dominar. E, para sobreviver, criamos uma espécie de armadura defensiva, que fica tentando compensar nosso sentimento de menos valia, e passamos a cobrar amor de todo mundo, o amor que não sentimos por nós mesmos.

Ao nos desconectarmos da nossa essência amorosa, o ego exacerba e senta-se no trono de comando da nossa vida. Desse mecanismo, resultam o orgulho, o narcisismo, o egoísmo, o vitimismo, a dependência emocional do outro, a necessidade de ser outra pessoa, diferente do que realmente somos, e isso acarreta uma desconexão com a nossa essência divina, originando muitos sofrimentos, vícios e doenças. E tudo isso porque, no fundo, não nos sentimos amados, o que nos desestrutura emocionalmente.

A violência, por exemplo, pode ser sintoma de alguém que se sente ferido por dentro. A inveja pode ser o sinal de quem não acredita em suas próprias capacidades. O ciúme pode ser a expressão do medo de não ser amado. O orgulho é a defesa de que o ego se vale para compensar o sentimento de inferioridade. O narcisista precisa se admirar tanto e tanto, chamar a atenção de todos para ele, porque, na raiz de tudo, não consegue ter um bom olhar sobre ele próprio. E todos esses exemplos são apenas sintomas de uma doença básica: falta de amor por si mesmo! Ouso afirmar que ninguém é egoísta ou orgulhoso porque quer, porque é uma pessoa má, mas, sim, porque deixou de se amar.

E por que temos essa dificuldade? Primeiro, porque, em regra, exigimos ser amados incondicionalmente. Mas o fato é que ninguém está em condições de nos amar nesse nível, exceto Deus. E, quando não somos amados segundo as nossas utópicas expectativas, sentimos algum nível de rejeição e ativamos o mecanismo do ego, que passa a exigir cada vez mais do mundo a consideração que não dá a si mesmo.

Em segundo lugar, outra dificuldade consiste numa falha de compreensão sobre o significado do amor, pois julgamos que só pode ser amada a pessoa perfeita, aí englobada a perfeita beleza física, emocional e espiritual. E, nesse "concurso de belezas", ninguém estará no topo, pois todos nós, como seres humanos, somos, ao mesmo tempo, constituídos de luz e sombra, virtudes e imperfeições, inteligência e ignorância, força e fraqueza, acertos e erros, possibilidades e limites... Quando olho para a história de Jesus e vejo como ele amou os imperfeitos, começo a descobrir que o amor não é apenas admiração pelas belezas do outro, mas também o olhar de aceitação, compreensão e reconhecimento de quem o outro é. É esse olhar que está nos faltando, sobretudo quando estamos diante do espelho...

Minha mãe também me ensinou isso quando eu, adolescente, tinha minhas diferenças com meu pai. Ela sempre me fazia ver meu pai por uma perspectiva mais ampla do que aquela pela qual eu o enxergava. Ela me falava da história de vida dele, das dores por que ele passou e também dos valores positivos que ele tinha. Minha mãe não "fatiava" meu pai em duas partes: a boa e a ruim. Ela o via por inteiro, lidava com ele como um todo, compreendia o difícil percurso da história dele, os motivos pelos quais ele não era afetuoso como eu queria. Ela conseguia ver beleza mesmo no meio daquilo em que outros poderiam ver alguma feiura. Hoje entendo que isso é amar!

Acredito, portanto, que é esse amor que devemos ter também por nós mesmos. Não devemos esperar pela perfeição para que nos amemos. Comecemos, desde logo, a nos relacionar conosco de uma forma mais gentil, compreensiva e paciente com os nossos desacertos, enganos e limites, procurando atender às nossas necessidades, cuja satisfação costumamos delegar para os outros, e reconhecer, sem endeusamento, a nossa própria beleza e valor.

Importante, também, não ficarmos reféns de histórias do passado nas quais não nos sentimos suficientemente amados. Nem sempre nossos pais ou responsáveis puderam nos dar todo o amor que gostaríamos. É que eles também não foram tão amados quanto esperavam. Aqui na Terra, quase todos nós carregamos uma certa sensação de não termos sido amados suficientemente. Precisamos, contudo, nos libertar disso, deixar de viver aprisionados a esse sentimento, porque, afinal de contas, todos já somos crescidinhos e nos cabe, pois, maternar a criança ferida que ainda chora dentro de nós.

À medida que passarmos a nutrir afeto interior, nossas próprias carências diminuirão, ficaremos mais em paz com nós mesmos, apreciaremos ser quem somos, uma sensação de conforto interior irá nos envolver a ponto de gostarmos da nossa própria companhia. E, assim, poderemos chegar ao nível que Jesus nos pediu: amar o próximo como amamos a nós mesmos.

Ofereço a você essa preciosa meditação de Louise L. Hay, para ser lida e sentida sempre que possível, sobretudo quando estiver com o pensamento muito crítico sobre si mesmo.

> *Eu me trato como alguém profundamente amado. Todos os tipos de ventos vêm e vão; em todos eles, meu amor-próprio é constante. Isso não é ser vaidoso ou convencido. Pessoas vaidosas ou convencidas nutrem por si mesmas muito ódio, que fica encoberto por uma camada de "Eu sou melhor do que você". O amor-próprio é apenas a apreciação do milagre de meu próprio ser. Quando realmente me amo, não posso me ferir e não posso ferir outra pessoa. Para mim, a resposta para obter a paz mundial é o amor incondicional. Ele começa com a autoaceitação e o amor-próprio. Já não espero ser perfeito para me amar. Aceito-me exatamente como sou, aqui e agora.*[63]

---

63 Meditações para curar sua vida, p. 31, Best-Seller editora.

# 12

# Seu melhor amigo

> *Chega de sofrimento, meu irmão, é hora de despertar, de enterrar a tocha da ira, de olhar para você mesmo com benevolência e tornar-se o amigo mais amigo de você diante de tudo e sobretudo. Ao longo dos seus dias, você cingiu sua cintura com o cinturão da hostilidade e sua cabeça com uma coroa de espinhos. Chega de martírios. Como a mãe que cuida de maneira especial do filho mais desvalido, você amará sua pessoa justamente naquilo e pelo que ela possui de mais frágil, envolvendo-a em um abraço de ternura.*
>
> Inácio Larrañaga[64]

---

[64] A arte de ser feliz, p. 78, Paulinas.

Quando se fala da importância do autoamor, muitas vezes, ficamos confusos quanto à maneira de colocá-lo em prática. Na verdade, o que está por detrás disso é a forma como nos relacionamos com nós mesmos. Em termos práticos, a ideia que mais ajuda qualquer pessoa a ter um bom relacionamento consigo é a seguinte: tornar-se o amigo mais amigo de si mesmo! A amizade me parece a ideia mais próxima e concreta do amor que devemos ter por nós.

A proposta é que passemos a agir conosco da mesma forma que agimos com o nosso melhor amigo! Comumente, tratamos os amigos melhor do que tratamos a nós mesmos: somos mais presentes, benevolentes, disponíveis, pacientes e companheiros em relação a eles do que em relação a nós. Amiúde, fazemos a eles o que não fazemos a nós mesmos e não fazemos a eles o que, muitas vezes, fazemos conosco!

Para o psiquiatra francês Christophe André, a relação de amizade representa um excelente modelo para a relação consigo mesmo. Nesse sentido, ele aponta quatro características importantes existentes entre os amigos:

a) **Benevolência** *(não os julgamos, mas queremos ajudá-los quando necessário).*

b) **Presença** *(estamos sempre atentos e disponíveis para eles).*

c) **Tolerância** *(aceitamos seus defeitos e suas estranhezas).*

d) **Exigência** *(exigimos prudência, não permitimos que os amigos façam o que bem entenderem, que ajam de maneira insensata).*[65]

O convite é para que sejamos benevolentes, presentes, tolerantes e exigentes também com nós mesmos. Por isso, registro algumas ideias práticas para que você estabeleça uma relação amigável consigo, aqui e agora:

1. *Aceite as suas imperfeições, sem julgamentos que o levem ao desprezo por si mesmo. Se Deus o ama incondicionalmente, por que colocar a condição de perfeição para se amar?*

2. *Você deve se amar exatamente porque, a despeito de algumas virtudes já conquistadas, você ainda é*

---

[65] Imperfeitos, Livres & Felizes, p. 164/165, Best Seller editora.

*humano e, portanto, imperfeito, frágil, limitado, dependente e solitário.*

3. *Não se maltrate quando você não conseguir corresponder às próprias expectativas. O ódio por si mesmo o afastará dos objetivos desejados, criando correntes magnéticas negativas, que o aprisionarão na culpa, no marasmo, na doença e na obsessão.*

4. *Seja cuidadoso no diálogo que você mantém consigo mesmo. Evite palavras que o machuquem, que o deprimam. Seja gentil com você! O bom amigo sempre tem uma palavra boa a doar. Mesmo que você seja compelido a reconhecer seus equívocos, ponha um pouco de mel na sua boca. Nem mesmo a medicina dispensa o uso de anestésicos quando precisa cortar o paciente.*

5. *Não negue a existência dos seus erros e fracassos, mas coloque-os numa perspectiva otimista, aprendendo com suas quedas e renovando o seu modo de agir. O amigo ajuda o outro a se levantar quando ele cai. Faça o mesmo com você!*

6. O autoamor não é complacência ilimitada com os próprios erros; implica um compromisso de transformação daquilo que não seja um ato de amor por si. Neste sentido, seja exigente com você!

7. Sendo você o seu melhor amigo, faça por si mesmo aquilo que está esperando que os outros lhe façam.

8. Reserve um tempo diário para se dedicar a algo que lhe faça bem. O que sua alma pede? Um tempo para orar, praticar o bem, exercitar-se, estudar, cantar, dançar, meditar, relaxar, cozinhar, ler, passear, estar junto à natureza, ir ao cinema, ao teatro, reunir-se com os amigos? Presenteie sua alma com o que ela mais deseja neste momento.

9. Seja uma boa companhia para si mesmo. Você é a única pessoa que estará consigo mesma nas vinte e quatro horas do dia e por toda a eternidade. Não acredite que você precisa de alguém para preencher os seus vazios. Você precisa é de si mesmo para ser inteiro e, assim, ser uma boa companhia para o outro.

10. Nosso alvo é desenvolver a consciência amorosa. Observe os seus gestos, pensamentos, palavras e

*sentimentos, para verificar se eles emanam amor. Saberemos se há amor se eles produzirem bem-estar, harmonia, equilíbrio, alegria, leveza, serenidade e paz interior. Caso não identifique a presença de alguns desses estados amorosos da alma, procure se desligar dos sentimentos egoicos, lembrando da oração do Pai-Nosso: "Pai, não me deixes cair em tentação, e que venha a mim o Teu Reino de amor".*

# 13

## Vamos recomeçar?

"*Momentos existem nos quais é impossível desconhecer as nossas falhas; entretanto, tenhamos a devida prudência de situar o mal no passado. Teremos tido comportamento menos feliz até ontem. Hoje, porém, é novo dia.*

*Emmanuel*[66]

---

66 Segue-me, psicografia de Francisco Cândido Xavier, p. 78, Casa editora O Clarim.

Quem de nós já não caiu na estrada do erro alguma vez? Em nosso processo de evolução, tropeçamos em muitos trechos do caminho. Tomamos rotas equivocadas, magoamos pessoas, frustramos a nós mesmos. E a culpa pode, neste momento, inclusive, estar nos consumindo interiormente, trazendo a sensação de não sermos mais dignos de recuperar a paz e a felicidade.

A culpa está associada à ideia de pecado e castigo, e, durante muito tempo, as religiões, de um modo geral, reforçaram esse entendimento e nos colocaram diante de um Deus que nos julga e nos pune pelos nossos pecados, muito embora Jesus tenha nos apresentado um Deus que é o Pai querido, justo, misericordioso e amoroso.

É bom olharmos isso de uma forma melhor, porque a culpa, em regra, nos aprisiona ao passado, castigando-nos com um remorso que não gera movimento de transformação pessoal, além de nos causar males físicos, emocionais e espirituais. Muitas vezes, o sofrimento que vem da culpa serve como uma espécie de compensação pelo mal praticado, sem que o culpado faça algo no sentido de entender seu equívoco, reparar o dano havido e amadurecer interiormente, a fim de não tropeçar novamente na mesma pedra. Nossa relação com Deus ainda está fortemente vinculada à ideia de punição e sofrimento, como se Deus se comprouvesse com a dor de seus filhos.

Deus, no entanto, nos ama simplesmente por aquilo que somos, Seus filhos queridos, e não pelo que fazemos! Nossos equívocos podem, é verdade, interferir em nosso desenvolvimento humano; nunca, porém, no valor que temos para Deus. A culpa serve apenas como um alarme que nossa consciência faz tocar, no sentido de nos chamar a atenção para o erro cometido, a fim de remediá-lo, pedirmos desculpas a quem prejudicamos e tirarmos as lições para o nosso crescimento. Fora isso, quando ficamos apenas lamentando e nos consumindo em condenações pelo mal praticado, a culpa se torna tóxica e improdutiva, sem que possamos avançar em nosso processo de evolução espiritual. E isso é o prenúncio de mais dores e sofrimentos...

Acredito que, quando tomamos um caminho errado e, logo em seguida, nos damos conta disso, Deus está falando conosco: "Meu filho, vamos recomeçar?" Mas a culpa tóxica pode tapar os nossos ouvidos para os propósitos de Deus, nos deixando presos às grades de uma prisão que nós mesmos nos impomos.

Jesus se deparou com pessoas tomadas pela consciência de culpa, tendo demonstrado por elas profunda compaixão. Acolheu todas em seu coração misericordioso, não as condenou, não as lançou no "fogo do inferno", não as colocou longe do amor de Deus, mas ofereceu-lhes novos caminhos para a renovação de suas vidas. Ele mesmo disse: "Quero misericórdia, e não sacrifício".[67]

Certamente, Jesus, mais do que ninguém, sempre entendeu que o erro faz parte da trajetória humana e que o insucesso de hoje será transformado em êxito amanhã, desde que não fiquemos aprisionados na culpa, repetindo os mesmos comportamentos. Quem não se perdoa é porque exige de si uma perfeição inatingível e, portanto, incompatível com a própria condição humana, ainda imperfeita, falível, limitada e incompleta. Não deixa de ser uma postura orgulhosa, pois quem não tolera suas imperfeições está se colocando na condição de espírito que tudo já deveria fazer com perfeição.

O autoperdão não implica condescendência com os nossos erros. Mas é o caminho que nos possibilita exatamente a transformação íntima e não ficar repetindo os mesmos erros indefinidamente. Ninguém consegue mudar aquilo que não aceita em si mesmo. Se o orgulho é o grande obstáculo para o autoperdão, a humildade, que resulta da consciência da nossa humana imperfeição, é a lente que nos faz enxergar as próprias feridas, que precisam ser cicatrizadas com o amor e o perdão.

Para Desmond Tutu e Mpho Tutu, o autoperdão: "É a forma como nos libertamos do passado. É como o superamos e amadurecemos. É como extraímos sentido de nosso

---

[67] Mateus 12, 7. Novo Testamento, Sociedade Bíblica do Brasil.

sofrimento, recuperamos nosso amor-próprio e contamos uma nova história de quem somos".[68]

Perdoar a nós mesmos é recuperar a nossa dignidade, é deixar o mal no passado e promover o bem no presente, é nos permitir continuar vivendo e reconstruir a nossa história, fazendo diferente o que ontem, por imaturidade, não soubemos fazer melhor.

A título de meditação e prática, registro alguns pensamentos de Joanna de Ângelis para o nosso trabalho do autoperdão:

1. *Não fiques remoendo o acontecimento no qual malograste, nem vitalizes o erro através da sua incessante recordação.*
2. *Se te deprimes e te amarguras porque erraste, igualmente atrasas a marcha.*
3. *Sem que te acomodes à própria fraqueza, usa também de indulgência para contigo.*
4. *Aceitando os teus limites e perdoando-te os erros, mais facilmente treinarás o perdão em referência aos demais.*
5. *O homem que ama, a si mesmo se ama, tolerando-se e estimulando-se a novos e constantes cometimentos, cada vez mais amplos e audaciosos no bem.*[69]

---

68 O Livro do Perdão, p. 204, Valentina editora.
69 Filho de Deus, psicografia de Divaldo Pereira Franco, p. 36, Leal editora.

# 14

# Deixa Jesus te abençoar

> *Eu sou o bom pastor. O bom pastor dá a vida pelas ovelhas.*
>
> *Jesus*[70]

---

70 João 10, 11. Novo Testamento. Sociedade Bíblica do Brasil.

Certa noite eu sonhei que estava autografando um livro para alguém desconhecido. Lembro que escrevia no livro os seguintes dizeres:

*Deixa Jesus te abençoar.*

No sonho, eu fiquei encantado com o sentido profundo da frase, autografada com letras de um azul celeste e com uma caligrafia que não era a minha. Ao acordar, procurando entender, tanto quanto possível, o significado do sonho, concluí que o "autógrafo" se destinava a mim mesmo. Percebi claramente que, lá no meu interior, eu ainda não admitia a possibilidade de Jesus me amar, em função de todos os meus erros, quedas, fracassos e imperfeições.

Eu me sentia infinitamente distante dele, mas o sonho me fez ver que ele não estava distante de mim.

Comumente, esquecemos que Jesus ama os imperfeitos, frágeis e pequenos, como eu, como quase todos nós. Ele é o bom pastor que vai em busca das ovelhas mais distantes e perdidas, é capaz de dar a vida por elas. E eu estava me comportando como o doente que recusa o socorro do médico, como o aluno que não deseja o ensinamento do professor na sala de aula.

Certa vez, eu atendi a uma senhora que me descrevia seu grande sofrimento ao ter que visitar o filho na prisão. Sentenciado a longos anos de reclusão por crimes hediondos, o filho estava preso em uma penitenciária distante da residência da genitora. Ela me contava o martírio que enfrentava, com longas viagens até o presídio, o constrangimento de ter que se submeter à revista pessoal e o principal, a dor de encontrar o filho encarcerado, revoltado, mal-agradecido à mãe, e ainda prometendo voltar ao mundo do crime quando saísse da prisão. Era muito sofrimento para uma senhora viúva e com seus quase setenta anos de idade!

Com muita pena daquela mulher, indaguei a ela:

– Diante de todo esse sofrimento, por que a senhora ainda o visita?

Ela me olhou com um semblante calmo, e respondeu:

– Eu o visito, porque ele é meu filho amado...

Calei-me. As palavras amorosas daquela mãe até hoje ressoam nos meus ouvidos... E aprendi que, no tocante a Jesus e sua relação conosco, algo semelhante e até mais sublime se passa. Ele nos ama quando menos merecemos amor, porque quando menos merecemos é quando mais precisamos...

Então, deixemos Jesus nos abençoar. Deixemos que, neste instante...

*Ele segure as nossas mãos*

*Enxugue o nosso pranto...*

*Levante o nosso ânimo*

*Ouçamos sua voz nos dizendo para levantar e seguir em frente, esquecendo o mal que passou...*

*Que sempre é tempo de recomeçar...*

*Que já somos amados como somos...*

*Que tudo o que em nós ainda é imperfeito, pequeno e falho deve ser aceito, acolhido e amado para ser transformado.*

*E, enquanto tudo isso vai acontecendo, nossas portas para Jesus vão se abrindo, e ele, então, aliviará o nosso cansaço, restaurará as nossas forças, renovando o nosso caminho.*

*Deixa Jesus te abençoar...*

# 15

## Flores sobre pedras

*Os meus discípulos praticam o amor e o perdão todos os dias. Eles não são perfeitos em suas práticas. Mas são sinceros. Eles cometem erros, acabam por reconhecer seus erros e se empenham para aprender com eles.*

*Reflexões da Mente do Cristo*[71]

---

71 O Milagre do Amor, reflexões da Mente do Cristo, Paul Ferrini, p. 8, editora Pensamento.

Embora a busca pela perfeição tenha sido recomendada por Jesus[72], isso não significa que ela já seja possível de se alcançar no atual momento evolutivo em que a maioria da Humanidade se encontra. É preciso compreender as palavras do Cristo na perspectiva da evolução do espírito imortal, através das vidas sucessivas.

Evolução é um processo contínuo, que se dá paulatinamente. Do ponto de vista espiritual, viemos do reino animal, estamos, atualmente, no reino hominal e, futuramente, avançaremos para o reino angelical (espíritos puros, perfeitos, que adquiriram todas as virtudes e se despojaram de todo o mal).[73]

Entre os reinos animal e angelical, estamos mais próximos do primeiro do que do segundo. Nossa atual condição humana é de espíritos imperfeitos, ainda propensos ao mal, ao egoísmo, ao orgulho e ao predomínio da matéria sobre o espírito. Como consequência da nossa condição humana, ainda somos falhos, vulneráveis, frágeis, instáveis, dependentes, individualistas, apegados, ciumentos,

---

72 Mateus 5, 48.
73 O Livro dos Espíritos, Allan Kardec, itens 112/113.

belicosos, tudo isso mesclado com doses de bondade, empatia e altruísmo.

O que desejo demonstrar é que, entre o ponto evolutivo em que nos encontramos e a condição de espíritos iluminados, há uma distância incomensurável, que levará ainda alguns séculos para ser percorrida, através de sucessivas reencarnações. Esse é um dos sentidos atribuídos à fala de Jesus, quando ele se refere à necessidade que o homem tem de nascer de novo para ver o reino de Deus.[74]

Se a caminhada, então, é longa, como devemos lidar com a nossa atual condição humana imperfeita, a qual ainda será assim por muito tempo? A primeira atitude é aceitar o que hoje somos, entender que humanos são falhos e incompletos, embora passíveis de se aperfeiçoarem, mas não de serem perfeitos no momento.

Quem quiser ser perfeito hoje e exigir de si essa perfeição vai se desumanizar, viverá sempre insatisfeito consigo mesmo, criará neuroses, máscaras de perfeição, culpas e doenças, perdendo a simplicidade de viver e a leveza de vida de quem sabe não poder dar o passo maior do que a perna.

A aceitação aqui defendida não significa inércia diante das nossas condutas que estejam causando mal a nós e aos outros. Precisamos reconhecer os nossos erros, saber onde estamos tropeçando e nos empenhar para não cair no mesmo buraco repetidas vezes. Podemos nos aperfeiçoar, aqui e agora, mas sem a pretensão de já sermos perfeitos.

---

74 João 3, 3.

Tomar consciência da nossa insuficiência e precariedade é o primeiro grande passo para sanar os nossos males. O estudo de si mesmo leva ao reconhecimento das próprias fraquezas, e isso nos torna mais humildes, nos faz mais humanos, portanto mais sensíveis e cautelosos, de modo a evitar o que causa sofrimento a nós e aos outros. É uma transformação natural, que vem de dentro para fora, que vai se construindo pouco a pouco e que requer muito amor e paciência consigo mesmo. É exatamente assim que Deus nos trata, como um pai paciente e bondoso, contemplando os primeiros passos inseguros de uma criança.

Um dia, uma mulher visivelmente sofrida pelo modo como estava vivendo, sentindo-se cheia de "pecados", pelos quais era malvista e condenada pela sociedade de então, foi à procura de Jesus, desejando segui-lo, mas intimamente acreditando que ele não a aceitaria, em face de suas grandes quedas morais. Seu nome era Maria de Magdala, ou Maria Madalena, como muitos a denominam.

Eu acredito que Jesus tenha ficado muito sensibilizado com Maria Madalena, pois ela foi sincera, não escondeu de Jesus suas imperfeições, não quis aparentar virtudes que não possuía. Não fez como os fariseus, que costumavam se apresentar no templo proclamando virtudes exteriores (jejuavam, davam o dízimo, por exemplo), para disfarçarem as mazelas interiores.

Compartilho, a seguir, a resposta que Jesus deu a ela e que, por certo, está dando a todos nós neste instante. Leia, medite, coloque-se no lugar dessa mulher que se sentia arruinada por suas quedas, tanto quanto nós, tantas vezes, nos sentimos. Escute a voz terna e amorosa de Jesus falando a cada um de nós:

> *Maria, levanta os olhos para o céu e regozija-te no caminho, porque escutaste a Boa-Nova do reino e Deus te abençoa as alegrias! Acaso, poderias pensar que alguém no mundo estivesse condenado ao pecado eterno? Onde, então, está o amor de nosso Pai? Nunca viste a primavera dar flores sobre uma casa em ruínas? As ruínas são as criaturas humanas; porém, as flores são as esperanças em Deus. Sobre todas as falências e desventuras próprias do homem, as bênçãos paternais de Deus descem e chamam. Sentes hoje esse novo sol a iluminar-te o destino! Caminha agora, sob a sua luz, porque o amor cobre a multidão dos pecados.*[75]

---

[75] Boa Nova, pelo Espírito Humberto de Campos, psicografia de Francisco Cândido Xavier, p. 129, FEB editora.

# 16

## Eco

> *Somos 100 por cento responsáveis por nossas experiências.*
> *Cada pensamento que temos está criando nosso futuro.*
> *O ponto do poder está sempre no momento presente.*
>
> Louise L. Hay[76]

---

76 Você pode curar sua vida, p. 9, editora Best Seller.

Quero trabalhar com você os três pensamentos que abrem este capítulo. Eles colocam nossa vida numa perspectiva realista, positiva e transformadora. Em meio aos nossos problemas, é comum ficarmos patinando para encontrar a luz no fim do túnel e, não raro, permanecemos muito tempo no túnel, às vezes a vida toda...

Não são soluções fáceis ou mágicas e elas nada farão por nós se não as colocarmos em prática. São indicações de caminhos que precisamos percorrer com as nossas próprias pernas. Mas valerá a pena, tenho certeza! Vamos lá?

1) **Somos 100 por cento responsáveis por nossas experiências.**

É muito comum ficarmos presos às dificuldades enquanto procuramos os responsáveis por elas. Grande parte das nossas experiências, contudo, são geradas por nós mesmos. Em algum nível, na maioria dos problemas que nos afetam, sempre há uma participação nossa, maior ou menor, mas sempre há. É uma decorrência da lei de ação e reação ou "lei do carma", como é também conhecida. Jesus afirmou que cada um é responsável pelas suas obras, isto é, pelos seus atos.[77]

Conhecer os nossos erros e corrigi-los é um degrau muito importante para subirmos a escada do progresso material e espiritual. Nossos pontos fracos, uma vez conhecidos e trabalhados, são a chave do nosso sucesso!

Isso não quer dizer que sempre provoquemos tudo o que nos acontece, embora, em grande parte dos casos, seja isso o que mais ocorre. Por outro lado, há situações em que, embora não dando causa direta, precisamos passar por determinada experiência, porque ela nos propiciará um aprendizado importante para o nosso crescimento. Sempre me lembro do jogador Pelé, um dos maiores astros do futebol mundial, se não o maior, que ficava treinando chutes a gol depois que os treinos terminavam. Ninguém exigia isso dele, mas ele se impunha essa disciplina para aprimorar suas habilidades. E colheu muitos frutos por isso!

Em ambos os casos, sempre somos os responsáveis pela maneira como reagimos ao que nos acontece! Se o problema está comigo, seja porque eu dei causa, seja porque tenho algo a aprender e me aprimorar com ele, devo reagir assumindo as rédeas da situação, e não ficar culpando o mundo e esperando que alguém venha me salvar.

---

[77] Mateus 16, 27.

O propósito de tudo o que foi mencionado aqui é criar em nós a responsabilidade sobre o nosso futuro. Quem não assume essa responsabilidade, quem fica procurando culpados enquanto os problemas crescem, deixa de assumir o comando de seu destino. É como alguém entregar o carro da própria vida para outra pessoa pilotar, pouco se importando se ela sabe dirigir e se conhece o caminho que o tirará do atoleiro.

Quando não assumimos essa responsabilidade, terceirizamos nossa felicidade aos outros, elegendo-os "salvadores" da nossa vida, e isso pode representar um problema ainda maior, porque não nos faz crescer. Seremos eternas crianças dependentes e imaturas, abdicando do poder de construir a vida que desejamos.

2) **Cada pensamento que temos está criando nosso futuro.**

Já vimos no capítulo 4 (recomendo a leitura ou releitura) que o pensamento cria o nosso destino. Então, compreendendo o carma como simples resultado das nossas ações, devemos concluir que ele é construído não apenas por atos, mas, também, por pensamentos.

Nossos pensamentos criam ondas eletromagnéticas que partem de nós e voltam a nós mesmos. Por isso é que a lei de ação e reação é também conhecida como "lei de retorno". Chamo a sua atenção para aqueles pensamentos que, de tão repetidos e validados por nós, se tornaram crenças negativas, as quais funcionam como um *software* instalado em nossa mente, que roda de acordo com a respectiva programação (crença). Exemplos: "Nada dá certo para mim". "Não sou bom o suficiente". "Não faço nada direito". "Tudo para mim sempre é muito difícil". "Nunca conseguirei realizar meus sonhos".

Cada uma dessas crenças está criando o nosso destino e são elas que, no mais das vezes, fazem com que a gente, inconscientemente, se sabote, para não atingir o alvo desejado e, justamente, confirmar a crença. Isso pode parecer um tanto insano, mas ocorre, infelizmente. Minha sugestão é que você volte ao capítulo 4, para limpar o seu campo mental dos pensamentos e crenças que possam estar criando negatividades em sua vida.

### 3) O ponto do poder está sempre no momento presente.

A possibilidade de modificarmos o nosso destino está sempre no aqui e agora! A vida só existe no momento presente! Ela não está no passado, nem no futuro. Hoje é a consequência do ontem. Ontem foi o plantio, hoje é a colheita. Não podemos ficar nos queixando do passado; perdemos tempo e energia fazendo isso! A vida não está mais lá, nem nós estamos. Embora hoje estejamos colhendo, hoje também poderemos iniciar um novo plantio. E nisso reside a chave de transformação da nossa vida!

Eu gosto muito de uma fala frequente de Jesus, quando ele se dirigia às pessoas enfermas, curando-as, ordenando: "Levanta-te, e anda".[78] Quem se fixa no passado está no chão, isto é, está parado, provavelmente doente, e o sofrimento de ontem vai se repetindo todos os dias. A terapia espiritual de Jesus é levantar e andar, voltar à vida, movimentar-se, reconstruir, recomeçar e não olhar mais para trás.[79]

Um pensamento de Bezerra de Menezes resume a essência do que foi dito até aqui: "Diante de quaisquer transes da vida, tudo venceremos se nos dispusermos a esquecer o mal, crer no bem e servir com amor".[80] Esquecer as histórias tristes do passado, reforçar a mente com pensamentos positivos e agir com amor a nós e aos outros!

Encerro o capítulo com uma história que ilustra bem as nossas reflexões.

*Um garoto que não sabia o que era o eco gritou em direção ao vale: "Quem está aí"?*

*E o eco respondeu: "Quem está aí"?...*

*O garoto não conseguiu ver quem dissera essas palavras e então perguntou: "Quem é você"?*

*E as palavras voltaram: "Quem é você"?*

---

78 Lucas 5, 23.
79 Lucas 9, 62.
80 Paz e Renovação, psicografia de Francisco Cândido Xavier, versão e-book, IDE editora.

*O menino pensou que alguém estivesse tentando irritá-lo e gritou bem alto: "Para com isso"!*

*E o eco: "Para com isso"!*

*Exasperado, vociferou uma xingação... que lhe foi devolvida na cara.*

*Foi então que sua mãe lhe explicou que não havia ninguém tentando provocá-lo, mas que apenas o eco de sua própria voz é que retornava a ele.*

*O menino gritou: "Eu te amo".*

*As palavras retornaram: "Eu te amo".*

*Gritou bem forte: "Você é tão bom".*

*O elogio voltou a ele, e o garoto sentiu-se feliz!*[81]

---

81 O bem que você planta, você colhe, J.P. Vaswani, p. 46, Verus editora.

# 17

## Viver em Deus

> *Creiam que eu estou no Pai e que o Pai está em mim.*
>
> *Jesus*[82]

---

82 João 14, 11. Novo Testamento. Sociedade Bíblica do Brasil.

Jesus se tornou o Espírito iluminado que o mundo conhece, porque atingiu a condição de estar integralmente unido a Deus, fusionado com o Pai, identificado plenamente com os propósitos divinos. Tanto é assim que ele declarou: "Porque eu desci do céu, não para fazer a minha vontade, mas a vontade daquele que me enviou".[83]

Na oração do Pai-Nosso[84], há dois momentos em que essa identificação é reforçada, quando Jesus nos ensina a pedir:

1) *que seja feita a vontade de Deus*;
2) *que venha a nós o Reino de Deus.*

A iluminação deve ser também a nossa maior aspiração, pois a felicidade genuína é consequência da nossa integração com os planos divinos. A felicidade é sentir Deus em nós, pois, fora d'Ele, viveremos apenas das sensações efêmeras e superficiais que a dimensão material nos oferece.

No filme "Paulo, o Apóstolo do Cristo", há uma fala belíssima do apóstolo, explicando-nos poeticamente o

---

83 João 6, 38. Novo Testamento. Sociedade Bíblica do Brasil.
84 Mateus 6, 9-13.

que, no meu entender, seria viver em Deus, viver em Cristo. Ei-la:

"Imagine-se olhando para um vasto mar diante de você. Você se abaixa, põe a mão na água e traz um pouco de água até você. Imediatamente, a água começa a escorrer pelos dedos, até a mão estar vazia. Essa água é a vida do homem. Do nascimento à morte, ela está sempre escorrendo por nossas mãos, até se ir, junto com tudo por que você tem apreço neste mundo. Porém, o reino de que falo, para o qual eu vivo, é como o resto da água do mar. O homem vive por aquele punhado de água que escorre pelos dedos. Mas aqueles que seguem a Jesus Cristo vivem para aquela expansão infindável de mar."[85]

Espiritualidade seria, então, "viver pela expansão infindável de mar", por onde navegam as necessidades mais sagradas da alma, como paz, alegria e amor. A primeira dificuldade para termos a experiência de sentir o divino em nós reside no fato de acreditarmos que Deus está fora, está num céu ainda inatingível para os espíritos imperfeitos como nós. A consequência desse raciocínio é nos sentirmos separados de Deus, distantes d'Ele, ignorados por Ele, longe do Seu amor. E isso nos faz experimentar o vazio de uma orfandade espiritual.

Então, onde Deus se encontra? Eu digo que não há lugar do Universo onde Deus não esteja, já que Ele é o criador de tudo. Deus está na natureza, nos animais, nos rios e mares,

---

[85] "Paulo, o Apóstolo do Cristo", direção e roteiro de Andrew Hyatt, tendo o ator James Faulkner no papel de Paulo de Tarso.

nas estrelas, nos astros e galáxias e, da mesma forma, não poderia deixar de estar no coração de cada um dos seus filhos. Hermógenes afirma: "Ele (Deus) está dentro de você mesmo, pois Ele é a sua própria essência. Procure Deus dentro de você, e não fora. Seu altar é seu coração. Acredite. Não se volte para Deus além das nuvens. Ele está mais perto de você do que sua própria pele".[86]

Outro entrave para assimilarmos a ideia de Deus dentro de nós se refere à crença de que Deus é uma pessoa (um velhinho de longas barbas brancas, sentado no trono celeste, distribuindo prêmios e castigos), quando, na minha limitada compreensão, fruto de tudo o que tenho lido dos mestres espirituais, Deus é a consciência cósmica universal, a inteligência suprema, a causa primeira de todas as coisas, a energia essencial da vida, o amor incondicional. E, sendo assim, essa fonte criadora do Universo também está em cada um de nós. Somos constituídos dessa matéria divina, o que explica a expressão bíblica de que fomos criados à imagem de Deus,[87] e não o contrário.

Sentir Deus em nós é encontrar a fonte inesgotável do amor que nos criou, nos mantém e nos preenche da maravilhosa sensação de ser amados! E essa experiência nos leva, naturalmente, a amar as pessoas, porque Deus também está nelas, e, quando manifestamos nosso amor ao próximo, a energia divina nos faz sentir mais amor por nós mesmos.

---

86 Deus investe em você & Dê uma chance a Deus, p. 195, Viva Livros.
87 Gênesis 1, 27.

Alguém já disse que as coisas mais importantes da vida não são coisas. São as pessoas, são os nossos relacionamentos com elas, os quais começam a ser construídos a partir da nossa relação com Deus. Quando O sinto e me entrego ao "Deus em mim", percebendo-O nas entranhas da minha alma, sinto-me acolhido, aceito, amado, compreendido e amparado, e esse estado de bem-aventurança se irradia naturalmente a quem cruzar o meu caminho.

Meu convite, agora, é para que tenhamos uma experiência concreta de sentir algo de Deus em nós. Há muitos caminhos para isso, cada um vai encontrar o seu, seja ao contemplar a natureza, o céu estrelado, os olhos de um cão, o perfume de uma flor, o sorriso de uma criança, seja praticando um gesto de bondade para com o próximo. Aqui, vou transmitir uma experiência que funciona para mim:

*Sente-se confortavelmente em um ambiente onde você não seja incomodado.*

*Relaxe a face, ombros, braços, ventre, pernas e pés.*

*Preste atenção na sua respiração.*

*Faça silêncio. Esvazie a sua mente. Deixe seus pensamentos passarem e irem embora. Não se fixe em nenhum deles. Nada queira, nada deseje, nada peça. Permaneça em silêncio interior!*

*Apenas tome consciência de que Deus está em você e você está em Deus. A energia divina se expande por todo o seu corpo e sua alma! Seu corpo é templo de Deus!*

*Sem pressa ou ansiedade, procure sentir essa união. Pai e filho(a) unidos no amor divino. Você poderá sentir um frêmito, uma vontade de sorrir, de chorar, um êxtase, a paz em seu coração. Permaneça nesse estado de alegria!*

*Aos poucos retorne ao seu estado de vigília, guardando o tesouro desse encontro em seu coração...*

# 18

## Para ter paz

"*Deixo-vos a paz, dou-vos a minha paz. Eu não a dou, como a dá o mundo. Não se perturbe, nem se atemorize o vosso coração.*

*Jesus*[88]

---

88 João 14, 27. Bíblia Sagrada, Tradução oficial da CNBB, edições CNBB.

Todos desejam a paz. Andamos ansiosos e sobrecarregados. Lutamos para ter as coisas do mundo, e nem sempre temos paz depois de conquistá-las... Em vão, esperamos pela paz no dia em que estivermos sem lutas, sem contrariedades e distantes das pessoas que desafiam a nossa tranquilidade.

Jesus afirmou que ele nos daria a paz, mas não a paz do mundo, de um mundo que vive em constantes conflitos, guerras, disputas, injustiças, ódios e indiferença, tanto no plano individual como no coletivo. Aliás, é no coração do homem que começam as guerras, sejam elas de que espécie forem. Por isso, a paz que Jesus nos oferece é aquela que desarma o nosso coração tomado pela ira, pelo ímpeto de atacar e destruir os que surgem como obstáculos às nossas pretensões.

Tendo Jesus afirmado que ele nos daria a sua paz, de que forma poderemos obtê-la? Creio que, ao mentalizarmos serenamente a figura de Jesus, buscando sinceramente o seu amor, a sua paz, a sua direção para a nossa vida, estabeleceremos sintonia com a energia Crística, pois ele afirmou que jamais nos deixaria órfãos da sua presença.[89] Desse encontro com o Mestre do Amor, seremos envolvidos por suaves vibrações de paz, serenidade e esperança.

Mas só isso não basta! Não podemos ser como aquela pessoa que incendeia a sua casa, depois chama o bombeiro e, logo após debelado o incêndio, torna a atirar fogo. Não adianta, portanto, receber a paz de Jesus e continuar fazendo labaredas. Não podemos contar apenas com a paz que vem do Cristo; precisamos, a partir dela, construir a paz em nós mesmos.

A seguir, apresento alguns caminhos que o ajudarão a edificar a paz interior:

1) *Seja um pacificador:*

"Bem-aventurados os que promovem a paz, pois eles serão chamados filhos de Deus".[90] Aqui, Jesus fala que a felicidade depende de sermos pessoas pacificadoras, isto é, que promovem a paz, e não a discórdia, a desunião, a intriga. Ser pacificador implica desenvolver a capacidade de ouvir o outro, entender seus pontos de vista e trabalhar por uma solução justa, que atenda aos interesses de todos os envolvidos no conflito, que não haja vencedores nem vencidos. É preciso abrandar o nosso ego, para não ficarmos em posições inflexíveis e irredutíveis, sem que em algo possamos ceder em benefício da paz do conjunto.

---

89 João 14, 18.
90 Mateus 5, 9. Bíblia Sagrada. Tradução oficial da CNBB, edições CNBB.

2) *Não use de violência:*

"Coloque a espada de volta no seu lugar, pois todos os que lançam mão da espada à espada perecerão".[91] Essas palavras Jesus dirigiu a Pedro, quando o apóstolo golpeou a orelha de um guarda que havia ido prender Jesus.

Toda violência que cometemos com o próximo desencadeia mecanismos de violência contra nós mesmos, o que nos leva a perder a própria paz. Todos trazemos em nosso mundo íntimo impulsos agressivos, em maior ou menor grau. Nosso trabalho deve ser no sentido de gerenciar as emoções, para que não venhamos a agir como Pedro no episódio citado, usando de violência para com o próximo, seja física ou verbal.

Isso não quer dizer passividade diante do mal que nos acomete. Devemos modular a nossa agressividade a um nível não violento, preservando e utilizando a energia vigorosa remanescente para nos posicionar, com firmeza, frente a algo que nos incomode ou machuque.

3) *Perdoe.*

Ficar magoado ou cultivar ódio roubam a nossa paz, estressam a mente e o corpo, predispondo-nos a diversas enfermidades, além de nos tornarem vulneráveis às energias negativas vindas das mentes encarnadas e desencarnadas que estão ressentidas conosco. O perdão

---

91 Mateus 26, 52. Novo Testamento. Sociedade Bíblica do Brasil.

nos devolve a paz e nos imuniza contra o assédio do mal. Por isso, Jesus nos estimula a perdoar, não apenas sete vezes, mas setenta vezes sete vezes.[92] E não se esqueça de perdoar a si mesmo, pois o cultivo da culpa também rouba a nossa paz.

4) *Seja justo.*

Escreveu o profeta Isaías: "O fruto da justiça será a paz, e a obra da justiça consistirá na tranquilidade e na segurança para sempre".[93] A injustiça cometida nos retira a paz e a tranquilidade. Ninguém consegue ser efetivamente feliz, se, para tanto, prejudicou alguém em seus direitos. A Justiça é uma das leis divinas com as quais Deus organiza e rege o universo, incluindo as relações entre os homens, e essas leis estão escritas em nossa consciência, afirmaram os Espíritos de Luz.[94]

Isso quer dizer que, todas as vezes em que prejudicarmos alguém, automaticamente, a nossa consciência registrará a falta e ela mesma se encarregará de nos alertar para a necessidade de reparação. Caso, porém, permaneçamos surdos ao alarme da consciência, a harmonia quebrada precisará ser recomposta, e as leis divinas nos chamarão ao reajuste necessário, por meio do retorno do mal praticado. Não se tem por mira a punição, mas a reeducação das nossas condutas para

---

92 Mateus 18, 21-22.
93 Isaías 32, 17. Bíblia de Jerusalém, Paulus.
94 O Livro dos Espíritos, Allan Kardec, questão nº 621.

a justiça e o amor. A consciência tranquila é a garantia da nossa paz íntima!

5) *Faça o bem.*

Ninguém encontrará paz imaginando viver numa ilha solitária. Somos interdependentes. Viver é relacionar-se a maior parte do tempo. Nossa felicidade está atrelada muito mais aos bons relacionamentos do que às nossas aquisições materiais. Podemos residir numa casa luxuosa, mas viver infeliz com as pessoas à nossa volta, o que afetará a nossa paz de espírito. Agir com benevolência com os que cruzam o nosso caminho é a maneira mais eficaz de construir relações sociais saudáveis e que se transformam em alicerces da nossa paz.

6) *A paz do mundo começa em mim.*

Desejamos que o mundo viva em paz, que não tenhamos mais guerras, mas precisamos reconhecer que essa paz começa em cada um de nós. É preciso, sim, parar a guerra entre as nações, entre os governantes, entre os religiosos, entre os cidadãos, entre as pessoas da mesma família, entre os vizinhos, a guerra do homem contra a natureza, contra os animais e, sobretudo, contra si mesmo. Não podemos esperar que o mundo fique em paz para que possamos, então, sentir paz em nós. É preciso que cada um se desarme e se torne um agente da paz, e, assim, somente assim, a paz coletiva será possível.

Gosto de uma canção de Nando Cordel, em cuja letra encontramos os seguintes versos:

*A paz do mundo*

*Começa em mim*

*Se eu tenho amor*

*Com certeza sou feliz*

*Se eu faço o bem ao meu irmão*

*Tenho a grandeza dentro do meu coração.*[95]

https://youtu.be/0bT4iVVHPDc

Enfim, a paz com que tanto sonhamos pode começar aqui e agora!

---

95 Canção "Paz pela Paz".

# 19

# Enfermeiros

"*Era lindo de se ver a dedicação, o amor com que Francisco cuidava dos leprosos naquele leprosário de Gúbio: era um verdadeiro enfermeiro e um anjo da guarda. Quando ele chegava de manhã, eles se sentiam outros. E Francisco cuidava de suas chagas, limpava os curativos e, sobretudo, colocava coração naquilo que fazia. Tratando os leprosos, parecia-lhe cuidar do próprio Cristo!*

Frei Geraldo Monteiro[96]

---

[96] São Francisco de Assis, o santo da paz e do bem, p. 32, editora Mensageiro de Santo Antonio.

Francisco de Assis é o exemplo daquele que procurou viver, e não apenas teorizar o Evangelho de Amor do Cristo. Nisso reside, a meu ver, a força da mensagem de Francisco, um homem simples, pobre, alegre, fraterno e que, por um aparente paradoxo, apresentava-se como o maior pecador dentre todos.

Ao iniciar este capítulo, citei o relato de Frei Geraldo a respeito de como Francisco tratava os enfermos. Meu propósito é de que o exemplo dele também nos contagie as atitudes, despertando-nos a essência amorosa, retirando-nos de um modelo de vida encarcerado em nós mesmos, responsável por muitos sofrimentos.

Para a nossa reflexão, destaco a seguinte observação sobre o comportamento de Francisco:

> Era lindo de se ver a dedicação, o amor com que Francisco cuidava dos leprosos...

Observo que o amor de Francisco se expressava pela via do "cuidado". Amar é cuidar, é tratar bem, é uma atitude benfazeja ao outro e que não necessariamente está associada a um sentimento, a um "gostar". Deduzo que, no Evangelho, amar (atitude benevolente) seja diferente de gostar (sentimento). Quando Jesus nos fala para "amar o próximo", não acredito que ele nos esteja pedindo para ter aquele sentimento de afeição, de admiração, de ternura, como a mãe tem por um filho, por exemplo, aquele amor que, de tão grande, não cabe no coração. Seria humanamente impossível termos esse amor pelos quase 8 bilhões de habitantes do planeta.

Então, na minha percepção, para o Evangelho, amar é mais um comportamento do que um sentimento. Tratar benevolentemente todos me é possível. Fazer o bem, ajudar quem sofre, cuidar de quem está vulnerável são os desafios práticos e viáveis que Jesus nos apresenta e que Francisco de Assis soube tão bem enfrentar.

Esse entendimento se extrai das seguintes palavras do Mestre: "Portanto, tudo o que vocês querem que os outros façam a vocês, façam também vocês a eles; porque esta é a Lei e os Profetas".[97] Então, para Cristo, amar é gesto, é atitude de cuidado para com o semelhante, é tratá-lo com benevolência. E Francisco amava os doentes, cuidando deles, oferecendo-lhes bom trato, sendo enfermeiro e anjo da guarda, limpando-lhes as feridas.

E por que devo tratar bem o próximo? Pela simples razão de que o próximo é meu irmão, filho do mesmo Deus. Como afirma Leonardo Boff: "Se nós somos filhos de Deus não podemos tratar mal os filhos de Deus, nem lhes fazer

---

97 Mateus 7, 12. Novo Testamento. Sociedade Bíblica do Brasil.

violência".[98] Francisco viveu a experiência da fraternidade com intensidade, chamava a todos de "irmão/irmã", mesmo aqueles que lhe causavam problemas, donde podemos entender a afabilidade, a cortesia, a misericórdia e a doçura com que irmão Francisco tratava a todos.

Diariamente, nos defrontamos com pessoas que, de alguma forma, também precisam de cuidado, a começar pelo seio da própria família. Todo ser humano carrega em si as suas dores, feridas, batalhas, carências, fraquezas e insuficiências, sejam elas de ordem física, emocional e/ou espiritual. Ninguém é autossuficiente! E não podemos nos esquecer de nos incluir no imenso grupo dos humanos necessitados de cuidado, aliás, como Francisco, que também assim se considerava.

Esse olhar nos levará a trabalhar pelo nosso autocuidado e também pelo cuidado do outro, quando ele estiver caído e desamparado, sem condições de se levantar sozinho, tanto quanto nós, um dia, precisaremos igualmente que alguém nos levante. Se necessitamos uns dos outros, se, ora somos os doentes, precisando de enfermeiros, ora os enfermeiros, ajudando os doentes, é intuitivo que precisamos cuidar uns dos outros. Nisso reside o segredo da vida feliz: amar, verbo que Francisco conjugou infinitas vezes com todos aqueles que cruzaram o seu caminho.

---

98 Terapeutas do Deserto, Jean-Yves Leloup e Leonardo Boff, p. 71, editora Vozes.

De que maneira prática é possível incorporar os exemplos de Francisco? Apresento algumas conjugações do verbo amar que Francisco, certamente, adotaria, aqui e agora:

1. Leve em consideração que a grande maioria das pessoas que cruzam o nosso caminho carregam dentro de si dores e dificuldades, quase ninguém está suficientemente bem; por isso, seja cuidadoso nas palavras, gentil e afável no trato, caridoso nas atitudes.

2. Tenha sempre uma palavra de esperança e bom ânimo diante daqueles que atravessam momentos difíceis.

3. Procure cooperar com organizações filantrópicas de assistência social aos desvalidos, não apenas com recursos financeiros de que você possa eventualmente dispor, mas, sobretudo, doando algo de si mesmo, seja de suas habilidades, seja de qualquer outra atividade que você possa realizar.

4. Ao acordar todas as manhãs, repita com Francisco: "Senhor, fazei de mim um instrumento da sua paz" e recorde-se desse compromisso todas as vezes em que, no decorrer do dia, você presenciar algum

*confronto ou se envolver em alguma situação conflituosa.*

5. *Não apenas fale, mas ouça também, usando de paciência e bondade.*

6. *Nunca desconsidere o poder do sorriso e do elogio.*

7. *Siga esse conselho de André Luiz: "Pense nos outros, não em termos de angelitude ou perversidade, mas na condição de seres humanos com necessidades e sonhos, problemas e lutas, semelhantes aos seus".[99]*

8. *Em tudo o que você fizer, pensar ou disser, procure expressar a sua amorosidade.*

*É assim que curamos o mundo, a partir de nós mesmos!*

---

99 Sinal Verde, psicografia de Francisco Cândido Xavier, Comunhão Espírita Cristã de Uberaba.

# 20

## Você me ama?

> *Com certeza este (Pedro) também estava com ele (Jesus), porque também é galileu.*
>
> *Mas Pedro insistiu:*
> *– Homem, não sei do que você está falando.*
> *E logo, enquanto Pedro ainda falava,*
> *o galo cantou.*
>
> Evangelho de Jesus segundo Lucas[100]

---

100 Lucas 22, 59-60. Novo Testamento. Sociedade Bíblica do Brasil.

Pedro é uma das figuras mais destacadas do Cristianismo. Ele era pescador na cidade de Cafarnaum e foi um dos primeiros chamados por Jesus para segui-lo.[101] Seu nome original era Simão, mas Jesus acrescentou o nome "Pedro", (*petros*, no grego, que significa pedra, rocha), dando a entender que Simão Pedro viria a ser a rocha na qual Jesus edificaria a comunidade cristã nascente, previsão que, mais tarde, acabou se confirmando.[102]

Após a crucificação de Jesus, Pedro assumiu a liderança dos apóstolos, exercendo importante papel para a união do grupo, contornando naturais divergências surgidas a respeito dos caminhos que eles deveriam seguir para a expansão da mensagem do Cristo. Pedro também se tornou um grande evangelizador; sua palavra, inspirada pelo Alto, trazia as lições de Jesus para todos os corações sofridos. Pedro ainda foi reconhecido pelas curas realizadas, havendo notícias de que as pessoas buscavam até a sombra por onde ele passava para se curarem.[103] Pedro terminou seus

---

101 Mateus 4, 18.
102 Mateus 16, 18.
103 Atos 5, 15-16.

dias na Terra como Jesus: foi preso e crucificado, nos arredores de Roma, contudo, não se julgando merecedor de morrer como o Cristo, pediu para ser crucificado de cabeça para baixo.

Quem se debruça sobre a vida de Pedro imagina que ele foi um homem perfeito, uma fortaleza inquebrantável. Mas não foi bem isso. A par de muitas virtudes, Pedro era um homem comum, teve também as suas imperfeições. John MacArthur afirma: "Pedro era afoito, agressivo, ousado e franco – tendo o hábito de pôr sua boca para funcionar quando o cérebro ainda estava em ponto morto".[104] Lembremo-nos do episódio em que ele, usando de sua espada, decepou a orelha de um soldado que havia ido prender Jesus, e foi por este advertido quanto ao engano de sua conduta.[105]

Ainda, esse mesmo Pedro, "a rocha", após Jesus ter sido preso, negou conhecer o Cristo em três momentos, nos quais foi indagado se pertencia ao grupo dele. Aliás, o próprio Jesus já havia previsto que Pedro o negaria.[106] Pedro teve medo. Mostrou a sua fragilidade, a sua condição humana, imperfeita e falível. O professor Herculano Pires esclarece: "Ora, isso mostra como as criaturas humanas, por mais destacadas no plano religioso, estão sujeitas a fracassos e quedas. A fragilidade humana é natural. O espírito encarnado é ainda um espírito frágil. Ele está no mundo

---

104 Doze homens extraordinariamente comuns, p. 49, Thomas Nelson editora.
105 João 18, 10-11.
106 Mateus 26, 34.

para evoluir, para desenvolver as suas potencialidades interiores. E ele não pode se julgar infalível. A infalibilidade do homem, esteja ele na posição que estiver, é uma ilusão, é um engano. Não existe a infalibilidade".[107]

Meu propósito ao falar de Pedro é demonstrar que, para seguir o chamado de Jesus, não precisamos ser perfeitos. Escrevo isso pois, muitas vezes, nos distanciamos do Evangelho exatamente porque dizemos que não somos "santos", temos muitas imperfeições. E temos, mesmo. Mas é exatamente por isso que estamos sendo chamados! Jesus não veio convocar os perfeitos, os que já alcançaram a iluminação espiritual; essa "turma" já está no caminho! Ele veio para os desajustados, para os vulneráveis, para os fracos, os desequilibrados, os doentes... É assim que eu me sinto, ou melhor, é assim que eu ainda sou...

Escrevo e falo propagando o Evangelho, não porque sou iluminado, mas porque, como dizia Francisco, "a meta suprema da minha vida é o autodomínio sobre todas as minhas paixões"[108], meta da qual ainda estou longe. Quando Jesus chama pessoas imperfeitas, como eu – e seu chamado é para todos nós, humanos –, é porque ele está nos dando a oportunidade do crescimento espiritual, da cura interior através do amor, que cobre a multidão de nossos erros, como o próprio apóstolo Pedro veio a escrever.[109]

---

107 O Evangelho de Jesus em Espírito e Verdade, p. 264, editora Paideia.
108 *Apud* Terapeutas do Deserto, Leonardo Boff, p. 130, editora Vozes.
109 Pedro 4, 8.

Eu, como Pedro, e talvez muitos de nós, tenho negado Jesus inúmeras vezes. E todos fazemos isso quando tratamos as pessoas com indiferença, quando nos omitimos no bem que poderíamos fazer, quando pensamos exclusivamente em nós mesmos, quando não somos misericordiosos como Jesus foi, quando não amamos como Jesus nos amou...

Porém, se nem mesmo a tripla negação foi capaz de tirar a confiança de Jesus em seu amigo Pedro, da mesma forma, Jesus continua confiando em nós, apesar das vezes em que o negamos. Quando Jesus encontrou Pedro depois da crucificação, ele não o censurou, sequer tocou no assunto; apenas perguntou, por três vezes, se Pedro o amava. E, diante das respostas afirmativas, Jesus outorgou a Pedro a missão de apascentar as suas ovelhas.[110]

Pedro aceitou a sua sombra, mas não fez dela um lugar para se esconder da missão da sua transformação interior. Ao contrário, ele se dedicou com mais afinco às tarefas do Cristianismo. Disse Herculano Pires que Pedro "não se impressionou com a queda. Se Pedro houvesse se impressionado podia ter se afastado do Cristianismo e aí falir por completo. Por isso, essa lição do Evangelho é de grande importância para nós, uma vez que nós, diante do mundo, estamos sempre em face de um possível fracasso".[111]

Encerro o capítulo oferecendo a você a reflexão de uma linda canção oriunda do catolicismo, intitulada "A Bar-

---

110 João 21, 15-17.
111 Obra citada, p. 264/265.

ca".[112] Ela fala de Jesus indo ao encontro de seus discípulos na praia e o que cada um tem a oferecer. Medite nessa letra, é provável que você se reconheça em alguns trechos. Se possível, ouça a música, que você encontrará facilmente na *internet*. Sinta que Jesus está vindo ao seu encontro, na praia da sua vida, e, ao encontrá-lo, ele perguntará: "Você me ama"?

> *Tu, te abeiraste na praia*
> *Não buscaste nem sábios, nem ricos*
> *Somente queres que eu te siga*
>
> *Senhor, tu me olhaste nos olhos*
> *A sorrir pronunciaste meu nome*
> *Lá na praia eu larguei o meu barco*
> *Junto a ti buscarei outro mar*
>
> *Tu sabes bem que em meu barco*
> *Eu não tenho nem ouro nem espadas*
> *Somente redes e o meu trabalho*
>
> *Senhor, tu me olhaste nos olhos*
> *A sorrir pronunciaste meu nome*
> *Lá na praia eu larguei o meu barco*
> *Junto a ti buscarei outro mar*

---

112 Composição de Cesáreo Gabarin.

Tu, minhas mãos solicitas
Meu cansaço, que a outros descanse
Amor que almeja seguir amando

Senhor, tu me olhaste nos olhos
A sorrir pronunciaste meu nome
Lá na praia, eu larguei o meu barco
Junto a ti buscarei outro mar

Tu, pescador de outros lagos
Ânsia eterna de almas que esperam
Bondoso amigo, que assim me chamas.

https://youtu.be/e-Fxgsw9IVY

# 21
## Páginas em branco

> *Cada manhã na Terra é uma página em branco de que dispões no livro da vida, para fazer os melhores exercícios e testemunhos de elevação e bondade.*
>
> *Emmanuel*[113]

---

[113] Passos da Vida, psicografia de Francisco Cândido Xavier, p. 19, IDE editora.

Nossa vida pode ser comparada a um livro. Mas a um livro que ainda está sendo escrito. Isso significa que nossa vida é um processo, é uma caminhada. Podemos até encerrar alguns capítulos, mas o livro nunca chega ao fim. Nossa história continua; afinal, somos espíritos imortais...

Tomemos cuidado para não ficar presos às páginas já escritas, sobretudo aquelas em que foram grafadas experiências malsucedidas. Todo mundo tem páginas ruins. A vida deve, contudo, seguir em frente, e, assim, vão sendo escritos novos capítulos nas páginas em branco a nosso dispor. Muitas vezes, porém, paramos de escrever o nosso livro, capturados que somos pela teia do que se passou e não volta mais, e, assim, vamos deixando de viver a vida, que está no aqui e agora, viramos um personagem do passado, um fantasma que não sabe que já está morto para as coisas do "ontem"...

O que mais nos prende ao passado é o ego ferido. Não aceitamos o fato de que as pessoas falham conosco (ressentimento), tampouco o de que nós também falhamos com elas (culpa). Esperamos das pessoas (e de nós mesmos, embora mais dos outros do que de nós mesmos) comportamentos angelicais, irrepreensíveis, esquecendo que ainda somos seres humanos, imperfeitos e vulneráveis (lembra-se do capítulo anterior?).

O exercício da humildade diminui a circunferência do nosso ego; é por meio dela que aceitamos a nossa impotência, a nossa fraqueza, e, por consequência, a impotência e a fraqueza dos outros, reduzindo nossas áreas de atrito. A humildade também facilita que viremos as páginas mortas do livro da nossa vida, compreendendo os naturais desencontros entre o que é ideal e o que é possível, e, a partir de então, não mais dizemos que "as coisas não ocorreram como deveriam ter ocorrido", mas, sim, que "foram como puderam ser"...

Esse raciocínio nos devolve ao presente, a um aqui e agora cheio de oportunidades, pois o dia de hoje é a página em branco que espera ser preenchida com atitudes que, no passado, não nos foi possível tomar. É uma segunda chance que todos os dias se abre para nós! Jesus fala que é preciso nascer de novo para ver o reino de Deus,[114] ou seja, é preciso desencarnar do passado e tomar cada dia como se estivéssemos começando a nossa vida. Muitos lamentam dizendo: "Ah, se eu pudesse começar minha vida novamente...", e não se dão conta de que a vida recomeça todos os dias, os dias são virgens, as páginas estão em branco, tudo está esperando o nosso toque!

Para que você escreva novas páginas no livro de sua vida, ofereço-lhe uma linda canção de Gonzaguinha[115],

---

114 João 3, 3.
115 Canção "Sementes do Amanhã".

cuja letra e música têm me inspirado a renascer todas as vezes em que o passado vem assombrar meus dias. Preste atenção na letra, anote as ideias mais fortes, que o motivam a retomar sua caminhada e a escrever novos capítulos da história de sua vida. E, se possível, cante com Gonzaguinha – tenho certeza de que será um lindo dueto!

*Ontem um menino que brincava me falou
que hoje é semente do amanhã...*

*Para não ter medo que este tempo vai passar...
Não se desespere não, nem pare de sonhar*

*Nunca se entregue, nasça sempre com as manhãs...
Deixe a luz do sol brilhar no céu do seu olhar!
Fé na vida, Fé no homem, Fé no que virá!*

*Nós podemos tudo,
Nós podemos mais, Vamos lá fazer o que será*

https://youtu.be/WGlhk6RYzfk

# 22

## Mais forte e capaz

> *Não se perturbe o vosso coração!*
> *Credes em Deus, credes também em mim.*
>
> *Jesus*[116]

---

116 João 14, 1. Bíblia Sagrada. Tradução oficial da CNBB, edições CNBB.

Jesus pronunciou essas palavras em um momento de intranquilidade para os discípulos: o clima da ceia da Páscoa estava tenso, pois, naquela noite, Jesus havia anunciado que sua hora havia chegado e que ele seria traído por um deles.

O que Jesus quis transmitir aos discípulos, ao pedir que não se perturbassem? Que as suas previsões não aconteceriam? Que tudo ocorreria de outra forma? Que, na última hora, Deus evitaria todo o sofrimento anunciado pelo Cristo? Essa hipótese está descartada pela própria História, pois todos sabemos que Jesus foi traído, preso, condenado e crucificado, e seus discípulos não tiveram um destino melhor. Então, somos levados a crer que, ao pedir que o coração dos discípulos não se perturbasse, Jesus quis dizer que, a despeito das dores e das dificuldades por que todos passariam, inclusive ele, no final, tudo ficaria bem. A luta seria grande, mas os ganhos seriam ainda maiores!

De fato, aqueles foram dias amargos para os discípulos. Imagino a dor moral que sentiram, ao saberem que Jesus estava pendurado na cruz, sofrendo até a morte, sem que algo pudessem fazer para salvá-lo. Penso também na sensação de completo desamparo que sentiram, ao imaginar que não mais teriam Jesus por perto. Afora isso, o pavor, evidentemente, envolveu todos, ante o prenúncio da perseguição que também desabaria sobre os discípulos do crucificado.

Por tudo isso, podemos compreender as palavras preventivas de Jesus, para que o coração dos seus amigos não se perturbasse diante de tantos acontecimentos nefastos. Ele assim disse porque sabia que, apesar das tempestades, tudo ficaria melhor – como ficou. Quando Jesus, depois de sua morte, ressurgiu aos olhos dos seus amigos em corpo espiritual materializado e permaneceu com eles por quarenta dias[117], foi uma explosão de alegrias novas, de esperanças renovadas, de certeza de uma amizade eterna, de um paraíso que poderia ser construído aqui mesmo, na Terra!

A partir de então, a difusão do Cristianismo ganhou força redobrada, os apóstolos recobraram o ânimo, a fé revivesceu, a mensagem se propagou a diversas regiões dentro e fora da Palestina, muitas curas foram realizadas... É claro que nem tudo eram flores. A perseguição aos cristãos recrudesceu; quanto aos apóstolos remanescentes, todos foram perseguidos e mortos pelo poderio de Roma e do Sinédrio[118], à exceção de João Evangelista. Mesmo assim, todos eles se entregaram ao testemunho de amor, sofrendo as agruras do corpo, mas tendo a alma exultante das alegrias do Céu!

---

117 Atos 1, 3.
118 Antigo tribunal superior judaico, formado por anciãos, escribas e sacerdotes (Caldas Aulete, dicionário escolar da língua portuguesa, Lexikon)

Todo esse cenário é, também, lição viva para o momento de agora. Vivemos dias de aflição. Aos nossos problemas individuais somam-se atribulações de ordem geral, como guerras, pandemias, desastres ecológicos, fome, miséria, violência, desigualdades...E, novamente, Jesus fala à nossa intimidade: "Não se perturbe o vosso coração! Credes em Deus, credes também em mim".

Quando Jesus fala assim, ele fundamenta a recomendação na necessidade de crermos em Deus e crermos nele. Vale dizer: quando depositamos a nossa confiança em Deus, que é o Pai soberanamente justo e bom, sabemos que as dificuldades do momento fazem parte de um programa maior de desenvolvimento espiritual.

Esse olhar nos leva a encarar as dificuldades não como uma desgraça ou castigo divino, mas como uma dádiva capaz de promover o nosso crescimento espiritual e, por meio dele, a nossa própria felicidade. Uma vida sem lutas, provas e dificuldades nos levaria ao entorpecimento espiritual – isso, sim, seria uma verdadeira desgraça! Afirma a Espiritualidade: "O militar que não é enviado à frente de batalha não fica satisfeito, porque o repouso no acampamento não lhe proporciona nenhuma promoção. Sede como militar, e não aspireis a um repouso que enfraquecerá o vosso corpo e entorpeceria a vossa alma".[119]

A dor é o prelúdio da cura, pois, quando bem recebida e entendida em seus propósitos superiores, ela nos convida

---

119 O Evangelho Segundo o Espiritismo, Allan Kardec, Cap. V, item 18, tradução de J. Herculano Pires, edições FEESP.

à renovação positiva das nossas atitudes, ao desenvolvimento dos nossos potenciais, muitas vezes adormecidos durante os períodos de céu azul e mar calmo.

Quando adquirirmos essa compreensão, entendendo que as leis da vida estão trabalhando pelo nosso melhor, ainda que, para tanto, precisem nos "cutucar" com alguma dificuldade, nosso coração não mais se perturbará e teremos a serenidade necessária para não nos abalar e força suficiente para vencer nossos desafios.

Como ensina o filósofo Epicteto: "Dificuldades mostram o caráter de uma pessoa. Por isso, quando um desafio te confronta, lembra que Deus está te emparelhando com um parceiro de treino mais jovem, como faria um treinador físico. Por quê? Para se tornar um atleta olímpico, é preciso suar! Penso que ninguém tem um desafio melhor que o teu, se ao menos tu o usares como um atleta usaria aquele parceiro de treino mais jovem".[120] Pensemos nisso: os problemas estão treinando os nossos potenciais para nos tornarmos "atletas" mais capacitados perante a vida. Você percebe os ganhos que advirão com os treinamentos?

Neste instante, quero convidá-lo a orar comigo, a pedir forças para que você fique firme diante de suas lutas. Tenho certeza de que Jesus ouvirá as nossas preces, e, assim, mesmo estando no inverno de nossas lutas, anteveremos a chegada da primavera.

---

120 *Apud* Diário Estoico, Ryan Holiday e Stephen Hanselman, p. 337, Intrínseca editora.

*Senhor Jesus!*

*Venho ao seu encontro porque estou aflito com os problemas que batem à minha porta. O desespero se aproxima de mim, porém venho encontrar a minha força e a minha esperança na sua companhia. Ajude-me a entender que, através das dificuldades, Deus está me aperfeiçoando, está me tornando mais sábio, forte e capaz. Cada problema está desenterrando os meus talentos. Cada dificuldade está puxando a melhor versão de mim. Cada tropeço está me fazendo mais humilde. Cada erro está me ensinando o caminho do acerto. Cada pessoa difícil está me ensinando a ser mais compreensivo, paciente e amoroso. Onde eu aprenderia tudo isso, não fossem os obstáculos de cada dia?*

*Só lhe peço que não me deixe desanimar ante as lições que preciso aprender. Sei que está ao meu lado, muitas vezes de forma silenciosa, como o professor que aguarda o aluno terminar a prova. Nunca está ausente de mim, sobretudo quando os problemas ensombram meu caminho.*
*É nesses instantes que eu escuto a sua voz serena e melodiosa:*

*"Não se perturbe o vosso coração. Credes em Deus, credes também em mim".*

# 23

## Paciência: escora da paz

"*Paciência não é inatividade. Será um estado de compreensão, já que não dispomos de palavras para defini-la. Compreensão com espírito de serviço, capaz de aceitar as dificuldades da existência, com o dever de cooperar para que desapareçam.*

*Emmanuel*[121]

---

[121] Paz, psicografia de Francisco Cândido Xavier, p. 39, CEU editora.

Paciência talvez seja uma das virtudes mais escassas hoje em dia e, por isso mesmo, das mais urgentes e necessárias ao nosso bem viver. Sem paciência, a vida fica mais difícil, as relações humanas se tornam mais tensas, os conflitos no lar se avolumam, a saúde sofre, pequenos contratempos se transformam em graves problemas... A verdade é que, sem paciência, a vida se torna pesada demais, e pagamos um alto preço por isso!

Emmanuel afirma: "A paciência é a escora da paz em todas as crises e provações nas quais te veja. Trocá-la por reclamações e cólera, descontentamento e intolerância, será sempre deixar a pequena dificuldade em que te encontras para cair na pior".[122]

Mas o que é, afinal, a paciência? Diz a Espiritualidade que ela é, primeiramente, um estado de compreensão. Mas compreender o quê? Compreender, inicialmente, que o mundo não gira em torno de nós, que não somos mais importantes do que os outros, a ponto de podermos exigir, em qualquer situação, tratamento diferenciado, priorita-

---

122 Espera Servindo, pelo Espírito Emmanuel, psicografia de Francisco Cândido Xavier, p. 56/57, GEEM editora.

rio e urgente. Muitos de nós, contudo, quando não somos tratados com essa especialíssima deferência, perdemos a paciência (se é que algum dia a tivemos...)

É importante compreender, também, que, vivendo num mundo imperfeito, o que inclui pessoas imperfeitas (estamos todos nesse barco), não podemos exigir perfeição delas. Quantas vezes, por falta dessa compreensão, nos impacientamos com os previsíveis e naturais limites humanos e explodimos em cólera e azedume, perdemos a nossa paz e tiramos a paz das pessoas?

Nesse sentido, vale o registro de outro conselho de Emmanuel: "Senhor, fortalece em nós a paciência para com as dificuldades dos outros, assim como precisamos da paciência dos outros para com as nossas dificuldades".[123]

É muito provável que a nossa maior dificuldade seja compreender que o mundo não é uma extensão de nós. Tal compreensão só se adquire com o cultivo da humildade, a qual nos leva a entender que não controlamos o mundo, não controlamos o tempo, as pessoas e, inúmeras vezes, nem nós mesmos.

Esse entendimento no leva a um estado de aceitação da realidade precária de tudo e de todos, e não de oposição. E não se trata de uma aceitação passiva, não! Como disse a mensagem que abre este capítulo, paciência não é inatividade; é compreensão com espírito de serviço, isto é, compreensão das dificuldades próprias e alheias, e precisamos

---

[123] Nos passos da vida, psicografia de Francisco Cândido Xavier, p. 172, IDE editora.

da nossa colaboração, se quisermos que elas desapareçam ou, não sendo isso possível, que, ao menos, diminuam.

A paciência, dessa forma, é prima da boa vontade, irmã da perseverança e, portanto, alicerce da nossa vitória nas situações difíceis que atravessamos. Sem paciência, tendemos a desistir dos nossos sonhos, mesmo quando ainda dispomos de chances para conquistá-los.

Jesus foi um homem paciente, e continua sendo! Tendo convivido com as imperfeições humanas, experimentou traição, negação, abandono, incompreensão, injustiça, crueldade, violência e teve paciência para com todos, transformando perseguidores em seguidores, homens rudes em amorosos, pecadores em convertidos. E, quanto a nós, o Cristo, há mais de dois mil anos, aguarda pacientemente o dia em que seremos também pacientes uns com os outros.

*Para encerrar o capítulo, gostaria de lhe contar...*
*a história de um menino que tinha um gênio muito difícil.*
*Seu pai lhe deu um saco de pregos dizendo-lhe que, cada*
*vez que perdesse a paciência, deveria pregar um prego*
*atrás da porta. No primeiro dia, o menino pregou 37*
*pregos. Nas semanas que se seguiram, à medida que ele*
*aprendia a se controlar, pregava cada vez menos pregos*
*atrás da porta. Com o tempo, descobriu que era mais fácil*
*controlar seu gênio que pregar pregos. Chegou o dia em*
*que conseguiu controlar-se durante todo o dia. Depois*
*de informar seu pai sobre sua vitória, ele lhe sugeriu que*

*retirasse um prego a cada dia que conseguisse controlar seu temperamento. Os dias se passaram e o jovem pôde finalmente anunciar ao pai que não havia mais pregos atrás da porta. Seu pai, segurando-lhe a mão, levou-o até a porta e disse-lhe: "Meu filho, vejo que você tem trabalhado duro, mas... veja todos esses buracos na porta: ela nunca mais será a mesma. Cada vez que você perde a paciência, deixa cicatrizes exatamente como as que vê aqui. Você pode insultar alguém e retirar o insulto, mas, dependendo da maneira como fala, poderá ser devastador e a cicatriz ficará para sempre".*[124]

---

124 Para que minha vida se transforme, Maria Salette e Wilma Ruggeri, p. 96, Verus editora.

# 24

## Amor maior

> *Pedro, o amor verdadeiro e sincero nunca espera recompensas. A renúncia é o seu ponto de apoio, como o ato de dar é a essência de sua vida. A capacidade de sentir grandes afeições já é em si mesma um tesouro.*
>
> *Jesus*[125]

---

[125] Boa Nova, psicografia de Francisco Cândido Xavier, pelo Espírito Humberto de Campos, p. 78, FEB editora. Esse livro registra passagens da vida de Jesus, estudadas nas escolas do mundo espiritual.

Nesse diálogo com Pedro, Jesus fala de um amor verdadeiro e sincero, o que nos permite a conclusão de que existe também um "pseudoamor". O amor verdadeiro é o amor incondicional, isto é, o amor que não faz exigências para amar, que não pede troca, que não espera recompensa. É o amor na sua acepção mais genuína e elevada, chamado pelos antigos filósofos gregos de amor "ágape".

Já o "amor" que faz exigências, que cobra retorno, que espera o troco do que foi dado, que deseja a posse do objeto do seu desejo é um "pseudoamor", tem mais a feição de egoísmo, pois exige algo para si como pagamento do que foi dado. É o amor na sua forma mais rudimentar, chamado pelos gregos de "eros"; é mais paixão do que propriamente amor.

O amor ágape não aprisiona; respira no clima de paz e bondade, seu único propósito é fazer feliz o ser amado, sem nada esperar em troca, pois o simples fato de amar já é o seu maior deleite! Jesus afirmou que há mais felicidade em dar do que em receber![126] Segundo Hermógenes,

---

126 At 20, 35.

"A felicidade, que é o Amor, é o que mais devemos pensar, querer e criar para o outro".[127]

Acredito que esse nível de amor se alcança quando, primeiramente, sentimos que é assim que Deus nos ama e, a partir de então, nutrimos por nós mesmos esse amor pleno. Uma vez abastecidos, sem carências e demandas, podemos oferecer ao outro o amor que transborda do nosso ser, pois queremos vê-lo feliz, e só isso já nos basta, só isso já nos faz felizes (recomendo a leitura dos capítulos 11 e 12).

Em regra, o egoísta não consegue amar, porque ele não tem esse sentimento nem para dar a si mesmo; por isso, espera recebê-lo do outro, numa posição ainda infantil e imatura. E, quando ele está na iminência de se envolver amorosamente, quando, então, percebe que terá que se doar, ele esfria, "cai fora", porque amar é se oferecer ao outro, sem nada esperar em troca, o que é inconcebível para o egocêntrico, essencialmente individualista e de mãos fechadas para o amor.

Eu creio que essa seja a radiografia espiritual da Humanidade (e é claro que estou incluído nela), o que explica a grande maioria dos nossos problemas individuais e coletivos. Como somos seres insuficientes, ninguém basta a si mesmo, precisamos do amor do outro. Sentir-se amado é vital para a nossa saúde emocional. Mas aí é que está a raiz do nosso problema: todos querem ser amados, porém poucos estão dispostos a amar. É por isso que a conta não fecha!

---

127 Deus investe em você & Dê uma chance a Deus, p. 255, Viva Livros editora.

Para amar, é preciso sair de si mesmo em direção ao outro. Somente isso é capaz de gerar felicidade interior. Uma vida autocentrada demais, preocupada apenas consigo mesma, gera tédio, vazio interior, solidão.

O grupo musical Jota Quest tem uma música chamada "Amor Maior", em cuja letra vamos identificar alguém que está cansado de ficar só (o egocêntrico, por mais que esteja rodeado de pessoas, sempre está só, porque ele não se permite entrar na vida do outro) e que, por isso, reconhece que precisa de um "amor maior", de um "amor maior que eu", isto é, um amor que não seja "eros", um "amor menor". A música, ainda, diz que "é preciso amar direito/ser amor a qualquer hora/ser amor de corpo inteiro/amor de dentro pra fora/amor que eu desconheço".

Para que a gente se motive a encontrar esse amor maior, esse "amor ágape", vou contar a você uma história ocorrida com Buda, adaptada com as minhas palavras:

*Certo dia, Buda estava meditando juntamente com seus discípulos, quando uma cortesã se aproximou dele. Tão logo ela viu a face celestial de Buda, apaixonou-se e, no êxtase de um amor incontrolável, correu em sua direção, de braços abertos, estreitando seu peito junto a Buda, beijando-o e declarando seu amor. Os discípulos ficaram perplexos ao ouvir Buda dizer à cortesã: "Querida, eu também te amo. Mas não me toques agora. Um dia, irei te tocar, mas agora não".*

*Como Buda poderia ter dito aquilo, se eles e o próprio Buda tinham feito voto de celibato e de renúncia ao amor carnal? Os discípulos estavam chocados com as palavras do mestre, acreditando que Buda estaria apaixonado pela cortesã!*

*Anos se passaram e, um dia, Buda avisou que ele deveria se encontrar com sua amada, a cortesã, pois ela o chamava e ele deveria cumprir a promessa feita. Buda foi ao encontro da cortesã e os discípulos o seguiram. Chegaram ao mesmo local onde haviam se encontrado na primeira vez. Lá estava a cortesã. E o que viram? O formoso corpo da cortesã estendido no chão, coberto de pústulas putrefatas e malcheirosas. E Buda colocou o corpo da cortesã em seu colo e sussurrou-lhe ao ouvido: "Querida, vim para te provar o meu amor e cumprir a promessa de tocar-te. Esperei um longo tempo para demonstrar o meu amor sincero, pois amo-te quando ninguém mais te ama, toco-te quando os falsos amigos não mais te querem tocar". Dizendo isso, Buda curou a cortesã e convidou-a a se juntar à sua família de discípulos.*[128]

---

[128] A história original está no livro: Paramhansa Yogananda, Pequenas & Grandes histórias do Mestre, p.141, editora Pensamento.

# 25

## Oração de libertação

"*Senhor Jesus, que a Tua luz afaste do meu caminho as trevas que se projetam de mim mesmo; que a Tua inspiração me guie nas decisões que devo tomar para o dia de hoje; que eu não seja instrumento do mal para ninguém; que a Tua bondade me ensine a ser melhor e que o Teu perdão me incline à misericórdia para com meus semelhantes...*

Chico Xavier[129]

---

129 Orações de Chico Xavier, Carlos A. Baccelli, p. 15, LEEPP editora.

Essa é uma das orações mais poderosas de que eu tenho conhecimento. Não porque ela tenha palavras mágicas que, pelo simples fato de serem pronunciadas, teriam o poder de mudar a nossa vida. Não! O vigor dessa oração está na sabedoria espiritual das suas propostas, as quais, uma vez transformadas em atitudes, podem, isso sim, mudar o curso do nosso destino!

Vamos comentar cada um dos pedidos feitos por Chico Xavier a Jesus. Cada súplica é uma orientação espiritual valiosa para a nossa existência.

1) **Senhor Jesus, que a Tua luz afaste do meu caminho as trevas que se projetam de mim mesmo;**

   Aqui, Chico Xavier não está pedindo a Jesus que afaste do seu caminho a influência das trevas alheias, como habitualmente pedimos em nossas orações. Chico roga que a luz de Jesus dissipe as suas próprias trevas, ou seja, as suas próprias negatividades, que se expressam no modo de pensar, falar e agir. São as nossas trevas que nos prejudicam e que, em última instância, se ligam às trevas exteriores, alimentando o mal que ainda há em nós.

**2) Que a Tua inspiração me guie nas decisões que devo tomar para o dia de hoje;**

Nosso destino é traçado a partir das escolhas que fazemos diariamente. Sempre teremos a liberdade de escolher os caminhos a tomar na vida, embora sempre estejamos vinculados às escolhas feitas. Palavras, pensamentos e atitudes são como sementes que lançamos no solo da vida, sabendo que, um dia, elas germinarão ao nosso redor. Por essa razão, Chico Xavier buscava na prece a inspiração de Jesus para as decisões que ele deveria tomar no decorrer do dia.

Quando nos ligamos mentalmente a Jesus, entramos em contato com o seu psiquismo divino, o que nos ajuda a ter o discernimento necessário para tomar as melhores decisões. Devemos também, além de orar a Jesus, consultar o seu Evangelho, que é um verdadeiro guia de conduta, um manual de evolução espiritual para a felicidade, a nos orientar as melhores rotas existenciais.

**3) Que eu não seja instrumento do mal para ninguém;**

Comumente, pedimos a Jesus que nos livre do mal dos outros. Chico, no entanto, vem pedir auxílio ao Cristo para não ser instrumento do mal ao próximo. Isso não é apenas ser bom para o outro, mas, também, ser bom para si mesmo, pois o mal que faço a alguém implica o retorno do mal a mim mesmo, decorrência da lei do carma. Como não quero o mal a mim, não faço mal ao outro.

4) **Que a Tua bondade me ensine a ser melhor;**

Da mesma forma que peço a Jesus para me ajudar a não fazer mal ao próximo, rogo a ele que me auxilie a ser uma pessoa melhor. Sem a pretensão de ser perfeito, vamos nos empenhar não em ser melhores do que os outros, e, sim, em ser melhores para os outros! Marco Túlio Cícero, filósofo romano que viveu antes de Cristo, afirmou: "Em nenhuma outra atividade nos aproximamos mais dos deuses do que ao ajudar as pessoas a ficarem bem".[130] É uma ideia prática que podemos seguir em vários momentos do nosso dia. Que cada pessoa que cruzar o nosso caminho fique bem com a nossa presença em virtude de algo que viermos a lhe oferecer, seja uma boa palavra, um sorriso, atenção, um elogio, o esquecimento de uma falta ou alguma outra ajuda que possamos prestar. As nossas boas atitudes são a melhor prece em nosso favor!

5) **E que o Teu perdão me incline à misericórdia para com meus semelhantes...**

Diz André-Comte Sponville que a misericórdia é a virtude que triunfa sobre o ressentimento, sobre o ódio justificado, o rancor, o desejo de vingança ou punição.[131] A misericórdia triunfa sobre o ressentimento porque sabe que seres humanos são falíveis, precários, limitados, insuficientes, por isso ninguém está em condições

---

130 1001 Pérolas de Sabedoria, organização de David Ross, Publifolha editora.
131 Pequeno Tratado das Grandes Virtudes, p. 132, Martins Fontes editora.

de atirar a primeira pedra, como certa vez falou Jesus. Pedir ao Cristo que nosso coração seja misericordioso é pedir, no fundo, misericórdia para as nossas próprias quedas, pois seremos julgados pela mesma medida com que julgarmos o próximo.[132]

É possível verificar, pois, por que o conteúdo dessa oração de Chico Xavier nos abre as portas para a libertação espiritual do sofrimento resultante de um modo de vida egocentrado e que nos afasta das correntes divinas da paz e do bem. Como ensina Dias da Cruz: "... todo bem é expansão, crescimento e harmonia e todo mal é condensação, atraso e desequilíbrio".[133]

Eu quero apresentar um roteiro de vivência prática dos cinco pedidos constantes da oração de Chico Xavier. Mas farei isso no próximo capítulo. Você me acompanha? Acredito que vai valer muito a pena!

---

132 Mateus 7, 1.
133 Instruções Psicofônicas, Espíritos diversos, psicografia de Francisco Cândido Xavier, p. 300, FEB editora.

# 26

## Treinamento intensivo

"*Reconheçamo-nos, dessa forma, na condição de companheiros do Cristo que anseia agir por nossas mãos e ver com nossos olhos, abençoar com a nossa voz e amparar com o nosso discernimento na construção do Reino de Amor e Luz a que fomos trazidos, não só para teorizar e aguardar, mas também para renovar e fazer, elevar e construir.*

*Bezerra de Menezes*[134]

---

134 Bezerra, Chico e Você, psicografia de Francisco Cândido Xavier, p. 91, GEEM editora.

Como mencionei no capítulo anterior (é importante que você o leia antes de iniciar este capítulo), quero apresentar um roteiro prático de vivência dos cinco pedidos constantes da oração de Chico Xavier. Como diz Bezerra de Menezes na mensagem de abertura, viemos a este plano terreno para trabalhar na construção do Reino de Amor e Luz e, para tanto, não podemos apenas teorizar e aguardar, é preciso fazer e construir!

Minha proposta é que você reserve uma semana para cada pedido, detendo-se na observação de si mesmo e procurando, tanto quanto possível, agir no dia a dia com mais consciência espiritual sobre seus atos, pensamentos e palavras. Cada semana corresponde a um treinamento espiritual específico, de acordo com o objetivo do pedido formulado por Chico Xavier. A finalidade é que tenhamos mais disciplina e foco em nossos propósitos de uma vida espiritual mais plena. Vamos lá?

1ª Semana: Senhor Jesus, que a Tua luz afaste do meu caminho as trevas que se projetam de mim mesmo;

Nosso trabalho nessa semana será de observação de nós mesmos, a fim de identificar as nossas trevas (nossos pontos fracos, nossos rancores, implicâncias, impaciência, inveja, arrogância, ciúme, complexos de inferioridade etc.). O objetivo não é criar culpa, apenas reconhecer a nossa sombra. De preferência, anote o que você observou em si mesmo nas ocorrências do dia a dia e, depois, medite sobre o que você anotou.

É provável que você se surpreenda e, por vezes, até se constranja com o que vai perceber de si mesmo. É normal. Mas, repito, fuja de qualquer ideia de julgamento e culpa. O propósito é que você se conheça e perceba a sua condição humana, imperfeita, precária, frágil, contraditória e instável; que retire as máscaras de um "eu" idealizado e entenda que somente o amor pode acolher toda a complexidade que é um ser humano.

O autoconhecimento é a grande ferramenta da transformação interior. Quando adquirimos a consciência do que somos, normalmente, tendemos a evitar comportamentos que estejam prejudicando a nós e aos outros. Tenha paciência com você, pratique aceitação do que você é e, aos poucos, a tendência será evitar a repetição daquilo que o prejudica. A consciência é a chave que nos permite mudar de dentro para fora!

Como explica Claudio Naranjo: "... o autoconhecimento é como um exercício de distanciamento, como a experiência de estar no cume de uma montanha e ver tudo o que acontece no entorno. Por exemplo, só pode dizer 'Eu sou avarento' alguém que esteja observando a sua avareza a partir de um nível neutro, objetivo. Para poder dizer 'Eu sou um idiota' é preciso já não ser tão idiota assim".[135]

**2ª Semana: que a Tua inspiração me guie nas decisões que devo tomar para o dia de hoje.**

Nessa semana, o propósito será mergulhar na mensagem de Jesus, ter mais contato com o seu Evangelho, ler e refletir sobre os seus ensinamentos, não apenas compreendê-los racionalmente, mas deixar que as lições do Cristo penetrem cirurgicamente a alma. Jesus quer falar ao seu coração! Deixe que sua alma seja iluminada pela mensagem de Jesus, assim como expomos o nosso corpo ao Sol. Leia, medite, silencie, não tire conclusões apressadas, deixe que as palavras de Jesus penetrem fundo o seu ser, e do fundo de sua alma brotará, no momento certo, todo o perfume da mensagem Crística, inspirando-lhe as decisões e os caminhos a tomar na vida.

Sem prejuízo das suas escolhas, tomo a liberdade de sugerir sete passagens do Evangelho, uma para cada dia da semana:

1) *E disse (Jesus) ao paralítico:*
   *– Levante-se, pegue o seu leito e vá para casa.*[136]
2) *Os olhos são a lâmpada do corpo. Se os seus olhos forem bons, todo o seu corpo será cheio de luz, se, porém,*

---
[135] Palavras de Poder, obra coletiva, organização de Lauro Henriques Jr., p. 119, editora Alaúde.
[136] Lucas 5, 24. Novo Testamento. Sociedade Bíblica do Brasil.

os seus olhos forem maus, todo o seu corpo estará em trevas.[137]

3) Os sãos não precisam de médico, e sim os doentes. Vão e aprendam o que isso significa: "Quero misericórdia, e não sacrifício". Pois não vim chamar justos, e sim pecadores.[138]

4) Coragem, filha, a sua fé salvou você. E, desde aquele instante, a mulher ficou sã.[139]

5) Eu lhes dou um novo mandamento: que vocês amem uns aos outros. Assim como eu os amei, que vocês amem uns aos outros.[140]

6) Não digo a você que perdoe até sete vezes, mas até setenta vezes sete.[141]

7) De que adianta uma pessoa ganhar o mundo inteiro e perder a sua alma?[142]

3ª Semana: que eu não seja instrumento do mal para ninguém.

Nessa semana, iremos prestar atenção em nossas condutas, palavras e pensamentos, refreando os impulsos que

---

137 Mateus 6, 22-23. Novo Testamento. Sociedade Bíblica do Brasil.
138 Mateus 9, 12-13. Novo Testamento. Sociedade Bíblica do Brasil.
139 Mateus 9, 22. Novo Testamento. Sociedade Bíblica do Brasil.
140 João 13, 34. Novo Testamento. Sociedade Bíblica do Brasil.
141 Mateus 18, 22. Novo Testamento. Sociedade Bíblica do Brasil.
142 Marcos 8, 36. Novo Testamento. Sociedade Bíblica do Brasil.

possam nos levar a prejudicar alguém. Observemos os gatilhos que nos levam aos impulsos agressivos, desrespeitosos, preconceituosos, injustos. É provável que, em algum momento, não agiremos bem, vamos nos exceder e machucar alguém. Quando isso ocorrer, procuremos sentir a dor que o outro sentiu com o nosso comportamento e como nos sentiríamos se fôssemos nós a pessoa atingida. Isso, provavelmente, nos levará a um estado de arrependimento, predispondo-nos a pedir desculpas pelo nosso gesto e a reparar o mal havido.

Será necessário também meditar a respeito do motivo pelo qual muitas vezes agimos mal com as pessoas, prejudicando-as. Não acredito que, na sua essência, alguém seja mau. Como fomos criados por um Deus amoroso, nossa essência é também amorosa! Ocorre que, em nosso percurso evolutivo, por força das lutas que todos precisamos enfrentar para crescer, muitas vezes, acabamos perdendo a conexão com a nossa essência divina e amorosa. Essa desconexão nos leva a uma insegurança considerável e, para nos defender, nosso ego vai hipertrofiando e criando muralhas defensivas e agressivas, não se importando em prejudicar o outro se, para tanto, o objetivo for satisfazer a si mesmo.

Nosso trabalho será o de restaurar a nossa conexão com o amor, que é Deus dentro de cada um de nós. É o caminho de retorno do "filho pródigo", tratado por Jesus em sua conhecida parábola narrada no Evangelho de Lucas.[143]

---

143 Lucas 15, 11-32.

Volte a reler o capítulo 11, permitindo-se derrubar suas armaduras por meio do cultivo do amor a si mesmo. Como sabiamente ensina Hermínio C. de Miranda: "... por amor a nós mesmos e ao nosso progresso espiritual, somos levados a amar os outros".[144]

**4ª Semana: que a Tua bondade me ensine a ser melhor.**
Nessa semana, o propósito será recordar todas as bênçãos, recursos, favores, conquistas, auxílios e oportunidades que já recebemos em nossa vida, as coisas boas que nos aconteceram, desde o nascimento. A sugestão é que você anote não só os benefícios do passado, como também as bênçãos de cada dia dessa semana. O objetivo é nos mostrar que, apesar dos problemas por que já passamos e dos que hoje enfrentamos, possivelmente, o saldo da nossa existência ainda é positivo. Temos mais a agradecer do que a reclamar. A gratidão tem o efeito de não permitir que as dificuldades de agora roubem inteiramente a cena da nossa vida, ignorando aquelas outras áreas que caminham bem.
E o sentimento de gratidão a Deus nos impele a retribuir todo o bem com que a vida tem nos contemplado. Os livros que publiquei e as palestras que realizo são formas singelas pelas quais eu procuro retribuir à vida as muitas bênçãos recebidas. Eu tenho uma lista grande de pessoas e situações a agradecer, lista que todos os dias cresce, de modo que eu seria no mínimo injusto e ingrato se não dividisse os recursos que Deus me emprestou a fim de ser para

---

144 Candeias na noite escura, p. 28, FEB editora.

o meu próximo aquilo que muitos foram e são para mim. Desejo que essa semana seja muito proveitosa a você!

**5ª Semana:** que o Teu perdão me incline à misericórdia para com meus semelhantes.

Nessa última semana, nossa atenção se voltará ao reconhecimento da misericórdia que Jesus tem nos dispensado. Há mais de dois mil anos ele tem nos acompanhado pacientemente e, mesmo diante de muitas quedas, ele nunca desistiu de nós, nunca deixou de nos amar, de nos ensinar o caminho do acerto, sempre nos dando possibilidades reiteradas de recomeçar nosso caminho após tropeçarmos tantas vezes.

A proposta é no sentido de sermos indulgentes com aquelas pessoas que, um dia, erraram conosco, cuja conduta ainda incomoda o nosso coração. Será a "semana do perdão", desfazimento dos nós que amarram a nossa vida. Talvez, em alguns casos, dado o tamanho da ferida, precisaremos de mais de uma semana para perdoar. Mesmo assim, será muito bom se conseguirmos, ao menos, iniciar o processo, ainda que leve mais algum tempo. Lembrando que perdoar não é concordar com o mal que nos fizeram, mas deixar de carregar o peso do passado, e fazemos isso porque Deus também é misericordioso conosco.

Pode ser que, ao terminar a leitura deste capítulo, você esteja dizendo: "Nossa, tudo isso vai ser muito trabalhoso"! Eu reconheço que você terá que abrir algum espaço na sua vida para trabalhar as propostas que elenquei, bem como as dos demais capítulos. Porém, quero que pense nessa pergunta de Henri Nouwen: "Será que conseguimos criar um espaço para Deus em que possamos ouvir, sentir, experimentar o seu Espírito, e onde nos seja possível lhe responder? Há um espaço na nossa vida em que o Espírito de Deus tem a oportunidade de conseguir nossa atenção"?[145]

Espero, sinceramente, que você consiga esse espaço!

---

145 Uma espiritualidade do viver, versão e-book, editora Vida.

# 27

## Espinhos em flores

> *Feliz daquele que ama, porque não conhece as angústias da alma, nem as do corpo! Seus pés são leves, e ele vive como que transportado fora de si mesmo.*
>
> O Evangelho Segundo o Espiritismo[146]

---

146 Allan Kardec, Cap. XI, item 8, p. 154, tradução de J. Herculano Pires, edições FEESP.

Jerônimo Mendonça foi um escritor e orador espírita que viveu na cidade de Ituiutaba, Minas Gerais. A partir de sua juventude, ele apresentou diversos e sucessivos problemas de saúde, que o levaram à tetraplegia e à cegueira total. Padecia de fortes dores pelo corpo, em decorrência da artrite reumatoide, dores contra as quais os remédios pouco efeito faziam. Ficou por trinta anos preso a um leito, sem poder se mexer...

Inobstante seu doloroso, prolongado e incurável quadro de saúde física, Jerônimo não foi um homem infeliz, queixoso e mal-humorado. Para espanto de muitos que o conheceram, ele era alegre, otimista, firme na fé, bem-humorado, chegava a rir das próprias dificuldades. Foi conselheiro de muitos que o procuravam em seu leito para se queixar de problemas infinitamente menores do que os seus. E a todos consolava e orientava com uma palavra de esperança e fé!

Jerônimo foi um homem caridoso, de causar admiração a todos! Apesar das extremas limitações orgânicas, ele percorreu inúmeras cidades do país, levando sua mensagem de otimismo, alegria e renovação espiritual. Além disso, ditou mensagens que foram transformadas em livros, gravou discos com suas mensagens e palestras, fundou dois centros espíritas e um lar para crianças desamparadas.

Um dia antes de falecer, fez a arrecadação de donativos por telefone, como era seu costume, tendo angariado 50 litros de leite, 50 cestas básicas contendo produtos de limpeza, pães e 120 picolés para distribuição numa comunidade carente de Ituiutaba. Ele costumava dizer: "Quem não trabalha dá trabalho".[147] Não sem mérito, Jerônimo recebeu o carinhoso apelido de "O Gigante Deitado".

Creio que essa postura caridosa, otimista e dinâmica de Jerônimo adveio da compreensão dos motivos e da finalidade das duras provas que ele enfrentou. Proferindo a fé espírita, Jerônimo encontrou explicação para seus padecimentos. Não vislumbrando na sua existência presente alguma causa que justificasse todas aquelas enfermidades e dores, concluiu que era no seu passado espiritual, isto é, em suas reencarnações anteriores, que ele acharia os desequilíbrios que irromperam mais tarde.

Como esclarece Allan Kardec: "... em virtude do axioma de que *todo efeito tem uma causa*, essas misérias são efeitos que devem ter a sua causa, e desde que se admita a existência de um Deus justo, essa causa deve ser justa. Ora, a causa sendo sempre anterior ao efeito, e desde que não se encontra na vida atual, é que pertence a uma existência precedente".[148] Nesse sentido é que o próprio Jerônimo vai

---

147 Novos Casos de Jerônimo Mendonça, Nicola José Frattari Neto, p. 35, Casa Editora O Clarim.
148 O Evangelho Segundo o Espiritismo, Allan Kardec, Cap. V, item 6, tradução de J. Herculano Pires, edições FEESP.

dizer: "..., mas como o Espiritismo ensina, o espírito reencarna com suas tendências, suas lutas, com seus problemas inerentes ao mérito e demérito, luz e sombra, fracasso e vitória de pretéritas lutas reencarnatórias".[149]

Em mensagem espiritual destinada a Jerônimo, ele foi informado de que deveria lutar contra a animalidade que rugia em seu peito.[150] Isso nos permite pensar que, em existências pregressas, o "Gigante Deitado" fora um homem violento, feroz, e deve ter ferido muitas pessoas, algumas até à morte, o que explicaria a sua completa paralisia física e as dores agudas que o acompanharam durante mais de trinta anos. Isso não quer dizer que Jerônimo estivesse sendo castigado pelas leis divinas. Estava sendo reeducado, isso sim, para que o mal praticado "ontem" fosse convertido no bem de "hoje", para que os impulsos destrutivos do passado fossem convertidos em ações construtivas no presente.

Ele entendeu muito bem a lição do Alto, e aproveitou a oportunidade para transformar os espinhos das existências anteriores em flores. A Dra. Jane Martins Vilela, que foi amiga e uma das médicas que o atendiam, escreveu o seguinte:

*Já há vários anos não havia explicação científica para o fato do Jerônimo Mendonça Ribeiro estar ainda encarnado. Seu corpo não oferecia as mínimas condições 'de*

---

149 O Gigante Deitado, Jane Martins Vilela, p. 53, O Clarim editora.
150 Obra citada, p. 101, O Clarim editora.

*vida'. Seu pulso, seus batimentos cardíacos não eram mais registrados pelos instrumentos da medicina, tal a sua fragilidade. Mas Jerônimo viajava, trabalhava, agia. Nunca quis vida mansa.*[151]

É possível pensar que Jerônimo estava ocupado demais com a vida, com aquilo que ele entendia ser o seu propósito existencial: ajudar quem estava sofrendo as agruras do corpo e da alma, reescrevendo o seu passado de erros. Em vez de ficar centrado na sua dor, ele foi ao encontro da dor alheia, e, dessa maneira, aliviava o próprio sofrimento. Ativava a força da vida em si mesmo quando despertava a vontade de viver em quem, com problemas talvez menores, estava desistindo de viver.

O Dr. Bernie Siegel, médico, afirma que "temos condições de mudar nossos processos corporais, mudando nosso estado de espírito. Portanto, quando experimentamos processos alterados de consciência, como meditação, hipnose, visualização, psicoterapia, amor e paz de espírito, por exemplo – abrimo-nos para a possibilidade de transformação e cura".[152]

Isso explica a força descomunal do Gigante, força que veio do amor que ele dedicou ao próximo e que lhe deu condições de sobrevivência, quando a própria medicina não sabia explicar como ele ainda fazia parte da estatística

---

151 Obra citada, p. 43, O Clarim editora.
152 Paz, Amor & Cura, p. 25, Summus editorial.

dos vivos! Jerônimo aprendeu a desenvolver um estado de espírito positivo, não só pelo otimismo que transparecia a todos, mas, sobretudo, pelo amor que sentia pelas pessoas e demonstrava a elas, enquanto nós, variadas vezes, temos o espírito abatido, por vivermos excessivamente centrados em nós mesmos, envenenando-nos por ódios, ressentimentos e complexos de variada ordem, todos resultantes do "excesso de si mesmo".

Na minha adolescência, cheguei a ver Jerônimo Mendonça em um programa de televisão. Eu não compreendia como ele, sendo cego, tetraplégico, vivendo em uma cama sem poder mexer sequer o pescoço, podia falar sobre paz, amor e alegria. Eu dizia para mim mesmo: "Ele só pode estar louco!"

Muitos anos se passaram e, certo dia, ao concluir um dos meus livros[153], tive a percepção da presença espiritual de Jerônimo Mendonça. Imediatamente, me veio a lembrança daquele dia em que o havia visto no programa de televisão e da minha conclusão, de que "ele só podia estar louco". Fiquei envergonhado. Mas o Gigante, simplesmente, sorriu para mim e disse:

— Meu amigo, louco é quem deseja viver apenas para si mesmo!

---

153 Força Espiritual, editora Petit, publicado em 2.007.

*Para sua reflexão, registro uma interessante passagem de Jerônimo, na qual um repórter lhe perguntou o que ele entendia ser a felicidade. E veio essa surpreendente resposta, que nos põe a pensar na nossa própria felicidade:*

*A felicidade para mim, deitado há tanto tempo nesta cama sem poder me mexer, seria poder virar de lado.*[154]

https://youtu.be/Nt4Gzl8toSI

---

154 O Gigante Deitado, obra citada, p. 121.

# 28

## Filho amado

> *Nós amamos porque ele*
> *nos amou primeiro.*
>
> João Evangelista[155]

---
[155] João 4, 19. Novo Testamento. Sociedade Bíblica do Brasil.

Não somos apenas filhos de Deus. Não fomos abandonados, ignorados ou desprezados pelo Pai. A verdade mais profunda de toda a revelação espiritual é que somos filhos amados por Deus! Tente pensar nisso por um instante. Você é um filho querido de Deus, um filho bem-amado! Você não é órfão! Suas imperfeições não impedem que Deus o ame. Aliás, desde os primórdios da nossa criação, Deus já nos amava.

Mais do que pensar nessa ideia, é importante senti-la, fazer dela uma experiência de se perceber amado pelo Pai. Temos imagens muito assustadoras de um Deus que castiga, que manda pragas, que sente ira por seus filhos, que os vigia para contabilizar seus pecados e puni-los. Precisamos nos desfazer dessas imagens, que não refletem Deus como Aquele que nos ama incondicionalmente!

Na parábola do filho pródigo, Jesus conta a história de um filho que, estranhamente, pede ao pai a antecipação da sua herança, pega seus bens e vai morar num local distante. Vivendo desenfreadamente, ele dissipa todo o seu patrimônio. Uma grande fome então se abate naquela região. Sem ter como sobreviver, o único trabalho que o filho pródigo consegue é cuidar de porcos. E, tendo fome, nem mesmo a comida dos porcos lhe saciava. Esse filho se arrepende de suas escolhas e decide retornar à casa do seu pai. Nesse ponto da parábola, Jesus registra como o pai recebe o filho que retorna. Ele descreve que o pai teve compaixão do filho, e, tão logo o avistou, correu para ele, abraçou-o e beijou-o. Certamente, o pai deve ter dito ao filho: "Você é o meu bem-amado".

Ao reencontrar o filho, o pai não lhe dá qualquer sermão. Manda lhe trazer roupas novas, sandálias novas, anel novo e ordena que se faça uma grande festa para o filho que estava perdido e havia retornado.[156] Na figura desse pai, Jesus quis mostrar como Deus se relaciona conosco. O pai não puniu o filho quando ele decidiu sair de casa com os bens da herança, à qual ele ainda nem fazia jus. Ele respeitou o livre-arbítrio do filho. O sofrimento por que este passou não foi castigo paterno, assim como Deus não nos castiga quando nos distanciamos de seus propósitos. O sofrimento é consequência de nossas próprias escolhas. Mas, tão logo o filho se arrepende e decide voltar para a casa, o pai não o rejeita e sequer toca no assunto com o filho. O pai o abraça e o beija, providencia roupa nova e manda fazer uma festa.

É preciso refazer a relação com o Deus de amor, sentir-se amado por Ele, sem condicionar esse amor à ideia de merecimento, de santidade, de necessidade de ser perfeito! Deus nos ama simplesmente pelo que somos, Seus filhos, e todos os dias Sua voz nos acorda dizendo: "Meu filho amado".

---

156 Lucas 15, 11-24.

Henri Nouwen afirma algo muito importante: "Jesus diz para você e para mim que somos tão amados quanto ele. A mesma voz se manifesta para nós. Orar é permitir a essa voz falar ao centro do nosso ser e permear toda a nossa vida. Quem sou eu? Sou o amado. Se não reivindicarmos essa voz como a verdade mais profunda do nosso ser, não poderemos andar livremente pelo mundo".[157]

Tenho para mim que ninguém vai poder me amar no nível incondicional em que Deus me ama. Ninguém no mundo vai poder me perdoar em nível maior do que aquele em que Deus me perdoa. Isso acaba com as minhas elevadas expectativas de ser amado e perdoado pelos homens com a mesma grandeza com que Deus me ama e me perdoa todos os dias. Nem mesmo eu – e creio que você também –, consigo me amar e me perdoar com a amplitude em que nosso Pai faz isso comigo, com você, com todos nós, infinitas vezes. Vamos até um certo ponto, conseguimos nos amar em alguma medida, nos perdoar em algumas coisas, mas, lá no fundo do poço, quando nos achamos a pior pessoa do mundo, quando cometemos algum erro que reputamos ser "imperdoável", é aí que o amor infinito do Pai corre ao nosso encontro, cheio de compaixão, nos abraça, nos beija e sussurra ao nosso coração: "Filho amado!"

Quando deixamos o amor do Pai permear a nossa vida, entregando-nos a Ele, encontramos a fonte da felicidade! Somos amados! Esse sentimento nos preenche internamente, alimenta a nossa alma, enche-nos de alegria e vitali-

---
157 Uma Espiritualidade do Viver, Editora Vida, versão e-book.

dade, dá-nos segurança existencial, estabelece a confiança de que, seja qual for a dificuldade que estivermos atravessando, o amor de Deus nos conduzirá na travessia das tempestades. Além do mais, sentir que somos amados nos leva também a amar o próximo. O que Deus faz conosco em ponto maior nós faremos aos outros em ponto menor, permitindo que o amor se expresse em nossas atitudes em relação ao próximo. Mas tudo isso somente ocorrerá se abrirmos as portas do nosso coração para o amor de Deus.

Para tanto, proponho esta oração, a qual você poderá fazer todas as vezes em que seu coração estiver fechado para o amor do Pai:

*Meu Deus,*

*Hoje, preciso tanto do Seu amor, estar debaixo de Suas asas!*

*Tenho sido esmagado pelos problemas do mundo. Muitas portas se fecharam. Tropecei em muitas pedras. Feri e fui ferido.*

*Não fiz o bem que quis e, o mal que não quis, esse eu fiz. Queria ser grande, mas, na verdade, sou tão pequeno... Queria ser perfeito, mas me vejo cheio de culpas. Sinto-me sujo, envergonhado, fracassado. O mundo nada mais pode me dar.*

*Não tenho o que fazer, senão me ajoelhar diante da Sua suprema bondade para curar minhas feridas. E aqui estou. Eu me entrego, me rendo, só o Seu amor pode me levantar. Deixe-me ouvir a Sua voz me chamando de "filho amado"! Sei que não mereço, mas o Senhor faz raiar o Seu sol sobre maus e bons e derramar a chuva sobre justos e injustos...*

*Deixe que os raios do sol divino me iluminem as trevas do coração e permita que a chuva lave minhas feridas, para que, enfim, eu sinta todo o Seu amor renovando a minha vida.*

*Assim seja!*

# 29

## Perdoar é divino e humano

> *É perdoando que
> se é perdoado.*
>
> Trecho da Oração de São Francisco

Este é o meu 24º livro, e, em todos os anteriores, o tema do "perdão" foi abordado. Mais uma vez, volto ao assunto, porque considero o perdão uma das virtudes mais difíceis de praticar em nossa vida. Falar ou escrever sobre o perdão é bem mais fácil do que perdoar. Porém, embora perdoar seja um grande desafio, é um ato absolutamente imprescindível para sentirmos paz em nossa vida.

Diante de alguma ofensa sofrida, de algum mal que nos fizeram, embora seja admissível que nos sintamos ultrajados, permanecer ressentido por muito tempo, ou mesmo revidar o mal, não são formas eficazes de nos libertar da dor que nos machuca.

A vontade de se vingar, de dar o troco, é grande, ao mesmo tempo em que o ego ferido não aceita a ideia de esquecimento do mal que lhe fizeram. Contudo, se permanecermos presos às exigências do ego, ficaremos reféns da mágoa ou do ódio, talvez até o fim da vida, e depois dela também, e tais estados interiores são incompatíveis com quem deseja ter paz na vida, saúde no corpo e leveza na alma. Alguém já escreveu que "perdoar é libertar um prisioneiro e descobrir que o prisioneiro era você".[158]

A maior dificuldade que temos em perdoar reside, a meu ver, no "eu ferido", isto é, no ego machucado, no espelho da nossa imagem trincada pela ofensa. Quanto maior o ego, maior a dificuldade em perdoar.

Num primeiro momento, o ego atua como um defensor da nossa integridade física e psíquica, e o ressentimento é um sintoma de que essa integridade foi violada, pedindo que alguma providência seja tomada para estancar o mal que nos atingiu.

De fato, não é errado ficar magoado, não é errado sentir raiva de quem nos causou mal. O problema surge, na verdade, quando o ego, além de nos proteger, quer a desforra, a violência, e o não esquecimento da ofensa. Essa voracidade só agrava o mal sofrido, e isso quando não acaba se transformando num mal maior do que a própria ofensa. Não perdoar é uma escolha do ego. Perdoar é escolha do coração!

O perdão não se destina a reprimir nossos sentimentos humanos, mas a dar a eles uma direção construtiva, de modo a não se transformarem em vingança, nem em veneno corroendo a nossa saúde física e emocional, muito menos em passividade diante de ofensas que coloquem em risco a nossa integridade física ou psíquica.

Perdoar, enfim, é um presente que se dá a si mesmo, pois: (1) evita que se carregue o fardo do ressentimento,

---

158 1001 Pílulas de Sabedoria, David Ross, p. 33, Publifolha.

que causa estresse físico e emocional; (2) liberta-nos do passado, devolvendo-nos a liberdade; (3) impede que nos transformemos em pessoas rancorosas e vingativas, trazendo paz à nossa vida; (4) possibilita que também sejamos perdoados por aqueles que prejudicamos, estejam eles na dimensão física ou na espiritual.

Quero dizer algo mais sobre o último item (4) mencionado no parágrafo anterior: o que mais pode nos convencer a perdoar é reconhecer que nós também machucamos as pessoas, seja com palavras, seja por meio de atos ou pensamentos, e, por essa razão, precisamos, igualmente, ser perdoados! Essa constatação, por vezes desconfortável, é um remédio para desinchar o nosso ego, costumeiramente hipertrofiado. Em regra, cobramos perfeição dos outros, mas esquecemos que nem os outros, nem nós mesmos, somos perfeitos, isentos de erros.

Dizem que perdoar é divino, com o que eu concordo, mas eu acrescentaria também que perdoar é humano, pois, no perdão, reconhecemos que ninguém é Deus para ser perfeito. A propósito, vale recordar as palavras de Jesus: "Quem dentre vós não tiver pecado, atire a primeira pedra"![159] Quando perdoamos o próximo, estamos também pedindo perdão a nós mesmos! A lembrança da nossa condição humana faz com que nosso ego se abrande e compreenda que, exercendo o perdão em relação ao outro, beneficiaremos, da mesma forma, nós mesmos.

---

159 João 8, 7. Bíblia Sagrada, Tradução Oficial da CNBB, edições CNBB.

Para finalizar, ofereço a você uma meditação criada por Desmond Tutu, Prêmio Nobel da paz de 1984, e sua filha Mpho Tutu.[160] Ela tem me ajudado na prática do perdão, e creio ajudará você também:

1. *Feche os olhos. Imagine um sentimento que o faça se sentir bem. Pode ser amor, bondade, compaixão ou gratidão por todos esses sentimentos.*

2. *Permita que o sentimento, ou combinação de sentimentos, se irradie de dentro de você. É essa sensação de estar livre do medo, da revolta, do ódio e do ressentimento. Esse estado de paz está sempre dentro de você e lhe pertence. Você pode alcançá-lo sempre que desejar. É seu e ninguém pode tirá-lo de você.*

3. *Agora imagine a pessoa, ou as pessoas, que está tentando perdoar. Imagine que você é a sua mãe, e cada uma apenas um bebezinho nos seus braços, antes de ter feito mal a qualquer pessoa. Observe sua bondade e humanidade.*

4. *Você pode abençoá-las e lhes desejar bem? Pode lhes enviar compaixão e carinho? Pode libertá-las?*

---

160 O Livro do Perdão, p. 149, editora Valentina.

# 30

## Promoção

"*Não podemos reclamar. Sempre me recordo do que está escrito: Tudo concorre para o bem daqueles que amam a Deus! Se estamos atravessando esta ou aquela dificuldade, precisamos entender que estamos sendo examinados para efeito de promoção. A nossa imperfeição atrai os problemas pelos quais vamos atravessando: existe uma certa identificação entre aquilo que somos e as circunstâncias da vida no mundo de provas e expiações em que estamos vivendo...*

*Chico Xavier*[161]

---
161 Orações de Chico Xavier, Carlos A. Baccelli, p. 89, LEEPP editora.

Chico Xavier nos traz a compreensão sobre a finalidade dos problemas pelos quais todos passamos: exame para promoção! Somos regidos pela "lei da evolução" ou "lei de progresso", isto é, fomos criados por Deus com as potencialidades da sabedoria e do amor, as quais, todavia, precisam ser desenvolvidas por nós. Tudo nos foi dado em forma de semente, que somente desabrochará mediante o nosso esforço. Somos seres dotados de potências inatas, e a cada um compete o trabalho de fazer a semente florescer.

O plano divino é que todos os filhos de Deus cheguem ao ponto da semente desperta, florida, sábia e amorosa, desenvolvida e ativa, tal qual um dia ocorreu a Jesus, a Buda, a Francisco de Assis e a tantos outros iluminados que deixaram seus rastros na Terra. Cada um de nós está dentro desse mesmo plano, e todos alcançaremos a iluminação espiritual, por meio da elevação da consciência material para a consciência divina.

A maior parte da Humanidade ainda vive atrelada à consciência material, cujas características básicas são:
a) predomínio da matéria sobre o espírito;
b) individualismo;
c) excessiva importância atribuída a si mesmo;

d) relações pessoais fundadas no exclusivo interesse pessoal;
e) oposição agressiva aos que lhe contrariarem os interesses;
f) dificuldade em perdoar;
g) tendência a se vitimizar;
h) não aceitação da realidade, exigindo perfeição do mundo e das pessoas.

Deus está trabalhando em nós o despertar da consciência divina, a qual apresenta as seguintes características básicas:

a) predomínio do espírito sobre a matéria;
b) cooperação e boa vontade entre as pessoas;
c) consideração de que todos são filhos de Deus, em igualdade de direitos e deveres;
d) relações pessoais fundadas no bem comum;
e) vivência do amor ao próximo;
f) facilidade em perdoar;
g) tendência a assumir responsabilidade pela solução dos próprios problemas;
h) aceitação do mundo e das pessoas como são.

Bem se vê, pois, que o processo de elevação da nossa consciência não se fará do dia para a noite. Vale lembrar o que Jesus disse a Nicodemos: "... quem não nascer de novo não pode ver o Reino de Deus".[162] Por isso é que estamos nascendo e renascendo, em sucessivas existências (reencar-

---

162 João 3, 3. Bíblia de Jerusalém, Paulus.

nações), para o despertar da nossa consciência. Isso vai acontecendo conforme começamos a nos dar conta de que a consciência material é o palco da maioria dos nossos problemas pessoais e coletivos. Quando me coloco na vida como o centro do universo e, assim, exijo que tudo gire em torno dos meus exclusivos interesses, que as pessoas façam tudo por mim, que o mundo me seja entregue perfeito, é possível facilmente imaginar a quantidade enorme de conflitos que estou criando para os outros e para mim mesmo. Isso talvez seja a ideia mais aproximada de "inferno".

Então, os problemas de hoje são fruto do nosso atual estado de consciência, predominantemente dirigido pelo egoísmo e pelo orgulho. Quando Chico Xavier fala que, ao atravessarmos essa ou aquela dificuldade, estamos sendo examinados para fins de promoção, ele quer dizer que a dificuldade está querendo nos levar a um nível de consciência mais elevado, a consciência divina! Encarar os problemas com a consciência material, por meio de queixas, reclamações, brigas, competições, deslealdades e vitimizações, acabará nos afundando em problemas ainda maiores. Aí, não seremos promovidos!

A promoção virá, todavia, quando a consciência divina, que é a consciência do "deus em nós", dirigir as nossas condutas, visando ao bem de todos os envolvidos no conflito, não alimentando rancores por rusgas passadas, atuando de forma cooperativa, solidária, ética, aceitando a realidade tal qual ela se apresenta e assumindo a responsabilidade pelas ações que nos competem. Quando agirmos nesse nível de consciência, não só haveremos de solucionar muitas dificuldades, como também reduziremos sensivelmente novos conflitos. Isso já é um pedacinho do céu...

Encerro o último capítulo com uma linda canção de Guilherme Arantes e Jon Lucien.[163] Gostaria que você prestasse atenção na letra, que, de forma poética, fala de muitas das coisas que eu tentei passar a você nas páginas deste livro. Medite na letra, cante também, tire alguns minutos para analisar como anda a sua caminhada em direção à consciência divina. Deus está nos chamando para ela. Espero que este singelo livro lhe seja um bom companheiro na viagem mais importante de sua vida, que começa Aqui e Agora...

*Quem me chamou*
*Quem vai querer voltar pro ninho*
*E redescobrir seu lugar*
*Pra retornar*
*E enfrentar o dia a dia*
*Reaprender a sonhar*

*Você verá que é mesmo assim*
*Que a história não tem fim*
*Continua sempre que você*
*Responde sim à sua imaginação*

---

163 Música intitulada Brincar de Viver, muito conhecida na voz de Maria Bethânia.

*A arte de sorrir*
*Cada vez que o mundo diz não*

*Você verá*
*Que a emoção começa agora*
*Agora é brincar de viver*
*E não esquecer*
*Ninguém é o centro do universo*
*Assim é maior o prazer*

*E eu desejo amar todos*
*Que eu cruzar pelo meu caminho*
*Como sou feliz, eu quero ver feliz*
*Quem andar comigo, vem...*

https://youtu.be/DAFkGhwaALE

*Espaço destinado para que você escreva aquilo que a leitura deste livro despertou em sua alma: reflexões, sonhos, pensamentos, descobertas sobre si mesmo, lições para não esquecer, caminhos, decisões e tantas coisas mais...*

*Às vezes, diz Clarice Lispector, basta escrever uma linha para salvar o coração.*

Editores: *Luiz Saegusa* e *Claudia Zaneti Saegusa*
Direção Editorial: *Claudia Zaneti Saegusa*
Capa: *Casa de Ideias*
Projeto Gráfico e Diagramação: *Casa de Ideias*
Imagem de Capa: *Yuriy Kulikk / AdobeStock*
Revisão: *Rosemarie Giudilli*
Finalização: *Mauro Bufano*
3ª Edição: *2023*
Impressão: *Lis Gráfica e Editora*
Copyright© Intelítera Editora

Dados Internacionais de Catalogação na Publicação (CIP)
(Câmara Brasileira do Livro, SP, Brasil)

De Lucca, José Carlos
    Aqui e agora / José Carlos De Lucca. --
São Paulo, SP : Intelítera Editora, 2022.

**ISBN: 978-65-5679-023-7**

1. Autoajuda 2. Autoconhecimento 3. Espiritismo 4. Espiritualidade 5. Jesus Cristo - Ensinamentos I. Título.

22-120253                                                CDD-133.9

**Índices para catálogo sistemático:**
1. Evangelho :         133.9

Eliete Marques da Silva - Bibliotecária - CRB-8/9380

Intelítera Editora
Rua Lucrécia Maciel, 39 - Vila Guarani
CEP 04314-130 - São Paulo - SP
11 2369-5377
intelitera.com.br - facebook.com/intelitera

Para receber informações sobre nossos lançamentos, títulos e autores, bem como enviar seus comentários, utilize nossas mídias:

intelitera.com.br

(@) atendimento@intelitera.com.br

(▶) intelitera

(◉) intelitera

(f) intelitera


jcdelucca.com.br

(▶) José Carlos De Lucca

(◉) josecdelucca

(f) orador.delucca

Esta edição foi impressa pela Lis Gráfica e Editora no formato 155 x 230mm. Os papéis utilizados foram o Papel Chambril Book LD 90g/m² para o miolo e o papel Cartão Supremo 250g/m² para a capa. O texto principal foi composto com a fonte Sabon LT Std 12,5/18 e os títulos em Alana PRO Bold 47/60.